Vous avez dit féministe ?

Suivi de *(In)certitudes*

nouvelle

Ndèye Fatou Kane

Vous avez dit féministe ?

Suivi de *(In)certitudes*

nouvelle

L'Harmattan
Sénégal

De la même auteure

- *Le malheur de vivre,* L'Harmattan, 2014
- *Franklin, l'insoumis* (coll.), La Doxa, 2016

10 VDN, Sicap Amitié 3, Lotissement Cité Police, DAKAR

http://www.harmattansenegal.com
senharmattan@gmail.com
senlibrairie@gmail.com

ISBN : 978-2-343-14374-3
EAN : 9782343143743

« Mais le courage, le vrai courage, n'existe que pour ces femmes-là, celles qui ne vibrent plus, soudées à leurs fourneaux, en refoulant leurs larmes. Comme si la souffrance était une haute vocation pour la femme.

Si être féministe signifie révéler des tares d'une société, alors je le suis. »

Mariama Bâ (*Mariama Bâ ou Les allées d'un destin, biographie de Mariama Bâ par Mame Coumba Ndiaye,* Nouvelles Éditions Africaines du Sénégal, 2007, page 206)

À **SLK,** ma mère et bien plus encore ...

À **Mami Oulimata Bâ,** l'archétype de la femme que j'aspire à devenir. Puisses-tu reposer en paix, ma *« coépouse posthume »,* aux côtés du Maodo que tu as tant chéri. T'avoir connue est l'une des choses qui me marquera *ad vitam aeternam.*

À toutes ces jeunes femmes qui veulent étreindre leur destin et s'y emploient courageusement.

AVANT-PROPOS

Simone de Beauvoir, dans *La femme indépendante* (Folio, 2008), un condensé de chapitres du *Deuxième Sexe* (Gallimard, 1949), dit ceci : « *Cependant, nous ne devons pas considérer avec moins de méfiance les arguments des féministes : bien souvent, le souci polémique leur ôte toute valeur. Si la "question des femmes" est si oiseuse que l'arrogance masculine en a fait une "querelle", quand on se querelle, on ne raisonne plus bien. Si on veut tenter d'y voir clair, il faut sortir de ces ornières ; il faut refuser les vagues notions de supériorité, infériorité, égalité qui ont perverti toutes les discussions et repartir à neuf. Beaucoup de problèmes nous paraissent plus essentiels que ceux qui nous concernent singulièrement : ce détachement même nous permet d'espérer que notre attitude sera objective.* »

Je souscris aux propos de Simone de Beauvoir et un mot en particulier résume mon observation de la sphère féminine autour de moi : la polémique. J'ai fait le constat que l'on ne peut traiter d'un sujet exclusivement féminin sans que cela ne soulève une polémique, sans que l'on ait envie d'en venir aux mains … Que ce soit au niveau des femmes qui ne tombent pas d'accord sur l'essence même de ce terme, que du côté des hommes qui balaient les revendications féministes d'une pichenette, et pis même qualifient lesdites revendications d'*« exagérées ! »*

Vous avez dit féministe ? ne se veut pas un ouvrage ayant fait le tour de la question féministe et maîtrisant tous les tenants et aboutissants de cette vaste thématique. Loin de moi cette idée … Car je suis consciente que depuis la nuit des temps, quantité d'ouvrages, conférences et autres productions scientifiques ont été effectués sur le sujet. Tout le mérite revient donc à ces valeureuses intellectuelles et chercheuses qui ont porté haut le flambeau de la cause des femmes.

Cela peut sembler d'une cruelle évidence aujourd'hui, mais en fouillant l'histoire, l'on se rend compte que les femmes se sont beaucoup battues - et continuent de se battre - pour que leurs droits les plus fondamentaux soient respectés : le droit de vote, le droit à l'avortement, le droit de se regrouper en associations et plus récemment, le droit à … la conduite.

Écrire un ouvrage traitant du féminisme n'était pas mon aspiration première. Pourquoi alors l'avoir fait ? Paul Éluard, poète français (1895-1952) disait qu'*« Il n'y a pas de hasard, il n'y a que des rendez-vous. »*

J'en suis d'autant plus convaincue, car une conversation en apparence banale a été le catalyseur ayant précipité l'écriture du livre que vous tenez entre vos mains. Les conversations que je suis souvent amenée à avoir avec des amis peuvent parfois tourner au pugilat. Me laissant emporter par la passion de la discussion, je me lance dans le débat, avec force arguments et voulant coûte que coûte avoir le dernier mot. Il n'est pas rare que mon interlocuteur abandonne la partie et s'avoue vaincu, lassé de mes invectives. Comme le contraire peut aussi se produire. Dans ce cas de figure, celui que j'ai en face de moi s'avère aussi têtu et belliqueux que moi.

C'est ce qui m'est arrivé. Une de ces conversations eut lieu et contrairement à la conclusion en ma faveur que j'étais en droit d'attendre, l'ami en question m'a traitée de *« féministe »,* mettant ainsi fin à la discussion.

Je suis restée sans voix. Dans un premier temps, j'ai voulu riposter en écrivant un article dans mon blog où j'exprimerais mon ressenti, mais un article - quand bien même il serait lu et largement partagé, notamment sur les réseaux sociaux - n'aurait pas le même impact qu'un livre, qui lui, vise à s'inscrire dans la postérité. L'insistance de mon ami aidant, je me résolus finalement à écrire ce livre. *Vous avez dit féministe ?* était porté sur les fonts baptismaux !

Je suis bien consciente qu'écrire sur le féminisme peut s'avérer une tâche ardue, en raison de la connotation péjorative qui entoure ce terme. De nos jours, il n'est pas rare de voir ou d'entendre des jeunes femmes se détacher des luttes féministes en qualifiant les féministes, je cite, de femmes *« aigries, acariâtres, éternelles frustrées, qui en général n'ont pas de conjoint à leurs côtés ; raison pour laquelle elles se battent contre tout et tout le monde. »* Je trouve ces considérations d'un autre âge, erronées et s'écartant totalement des luttes menées au cours de l'Histoire par des femmes désireuses de faire avancer le quotidien de leurs congénères.

Vous avez dit féministe ? se veut donc une modeste contribution à la cause féministe telle que je la conçois. En ma quadruple identité de *Hal-Pulaar,* Sénégalaise, Africaine et jeune femme de la génération *« Y »,* comment les luttes féministes portées par des femmes de par le monde, en Afrique, et enfin dans mon pays le Sénégal, ont-elles eu et continuent d'avoir une incidence dans ma façon d'appréhender le monde qui m'entoure ? Est-ce que ma perception desdits événements peut être altérée par le fait que je sois une femme ? Comment déconstruire la notion de *« genre »* qui a quelque peu empiété sur les luttes féministes d'antan, et quelles solutions proposer ? Voilà autant de questions auxquelles j'essaie de répondre tout le long de *Vous avez dit féministe ?*

En m'appuyant sur des thèses développées par des femmes de lettres telles que Simone de Beauvoir, Chimamanda Ngozi Adichie, Mariama Bâ et Awa Thiam, et à travers leurs œuvres *Le Deuxième Sexe, We should all be feminists, Une si longue lettre, Un chant écarlate* et *La parole aux négresses,* pour non seulement effectuer une rétrospective, mais aussi une projection vers l'avenir. Je suis bien consciente qu'une bibliographie fournie existe déjà sur le féminisme et que j'aurais pu m'appuyer sur les travaux d'une multitude d'autres chercheuses, mais les quatre sélectionnées dans le processus d'écriture de ce livre me semblaient plus pertinentes.

Les premières tendances féministes, selon mes recherches, émergent au Sénégal au début des années 1970. Avec un mouvement tel que celui dénommé *Yeewu Yeewi,* porté par des figures de proue telles que Awa Sarr, Fatou Sow et Marie Angélique Savané, l'autonomisation de la femme sénégalaise en cette période post-indépendance était au centre des préoccupations. Instruites, conscientes que la femme sénégalaise ne pouvait pas continuer à jouer les seconds rôles, elles militent pour l'envoi et le maintien des filles à l'école, l'émancipation de la femme rurale et la reconnaissance de son travail entre autres ... *Yeewu Yeewi* fait alors à l'époque figure de mouvement pionnier dans l'introduction de la pensée féministe au Sénégal, mais aussi en Afrique, car des femmes ont battu le macadam pour que leurs sœurs se libèrent du carcan que leur imposait la société.

Plus largement, en Afrique, l'exemple de Funmilayo Ransome Kuti, mère du chanteur nigérian Fela Anikulapo Kuti, est connu. Cette femme, enseignante de formation, est surtout connue pour son combat pour l'égalité des genres. Avec la création en 1944 de l'*Abeokuta Ladies' Club* - Club des dames d'Abeokuta - qui devint plus tard l'Union des femmes d'Abeokuta - *Abeokuta Women's Union,* le Nigéria fit de la défense des droits politiques, sociaux et économiques des femmes une de ses priorités.

Dans mon pays, le Sénégal, celle que l'on peut considérer comme étant la pionnière - à l'instar de Simone de Beauvoir en France -, à prendre sa plume et à parler ouvertement des difficultés rencontrées par les femmes, est Mariama Bâ. Autant dans sa vie personnelle que dans sa carrière littéraire, Mariama Bâ fera fi des convenances et exposera les tares de la société sénégalaise.

Je vais remonter un peu plus le cours de l'histoire pour mieux camper le cadre spatio-temporel de l'évolution du féminisme au Sénégal, pays où j'ai vu le jour il y a trente et une années. Le Sénégal est un pays d'Afrique occidentale composé de 95 % de musulmans et 5 % de chrétiens. Les pourcentages peuvent fluctuer, mais les musulmans sont dominants, ce qui n'empêche pas les deux religions de cohabiter harmonieusement.

La population est répartie entre de nombreuses ethnies : Wolofs, Sérères, Manjacks, Diolas, Mancagnes, Hal-Pulaar… Les Wolofs, la plus ancienne ethnie, occupent près de 43 % du territoire et sont répartis en divers territoires du pays : les provinces historiques du Cayor, du Walo, du Fouta, ainsi que la presqu'île du Cap-Vert, tout le long de la capitale, Dakar ; ce qui donnera les Lébous, peuple de pêcheurs et gardiens séculaires des rites ancestraux wolofs.

La construction de la société wolof me semble assez intéressante pour mériter d'être soulignée, car elle était régie par le régime du matriarcat. L'on peut citer à cet effet l'une des souveraines les plus célèbres de la royauté sénégalaise, la Reine-Mère Ndaté Yalla Mbodj (1810-1860). Tout comme une autre grande figure royale féminine, la Reine Nzinga d'Angola, Ndaté Yalla Mbodj fut une souveraine du royaume historique du Walo, la dernière grande reine du nord-ouest du Sénégal. Grande résistante face à l'invasion des colons français, elle défendait son royaume et jouissait du titre de *Linguère.*

Malgré la présence des autres souverains masculins, les *Bracks,* Ndaté Yalla Mbodj régentait d'une main de fer le royaume du Walo.

En sus de cette royauté, la société était régie par le régime du matriarcat. La transmission du nom, des biens matériels, et de toute autre composante dans la vie d'un enfant se faisait par le biais de la mère. Chez les Lébous, la *Ndèye Ji Rew* (littéralement Mère de la Nation), dont le rôle peut être assimilé à celui de ministre de l'Intérieur, prend les décisions de la communauté et arbitre les conflits opposant les membres de ladite communauté. À cet effet, on peut citer une autre grande figure féminine ayant joué un rôle prépondérant au sein de sa cellule familiale : la Grande Royale, figure féminine emblématique capable, seule, de *« se dresser contre l'ensemble des hommes de la famille Diallobé »* (*L'Aventure ambiguë,* Cheikh Hamidou Kane, Paris, Julliard, 1961).

Avec l'introduction de l'islam dans la presqu'île du Cap-Vert et plus largement dans le Sénégal tout entier, durant la seconde moitié du XIXe siècle, le patriarcat est instauré. À partir de là, sans toutefois dire que la femme est reléguée au second plan, l'on voit qu'elle perd un peu de son pouvoir.

Entendons-nous bien. Je ne dis pas par-là que les femmes sont passées de la lumière à l'ombre, mais admettons quand même que le pouvoir qui était jadis le leur à cette époque a été *« confisqué »* par les mâles. L'homme occupe désormais une place centrale au sein de la communauté. Néanmoins, même si le patriarcat était la forme dominante, l'on peut toutefois reconnaître que le matriarcat continuait d'exister, mais sous une forme plus fine, avec les femmes qui s'investissaient pleinement dans l'éducation des enfants, dans la gestion de leurs foyers, dans la recherche de moyens de subsistance. Chez les Lébous par exemple, il n'est pas rare de voir les femmes tenir les cordons de la bourse, en tenant des commerces permettant de faire vivre leur famille. Les hommes conservent cependant l'ascendant, et même si leurs femmes font preuve d'autorité, c'est derrière les portes closes.

Après la percée de l'islam sur les bords du fleuve Sénégal aux abords du XIe siècle, l'on s'éloigne de plus en plus du modèle matriarcal. Les premiers débats sur le statut des femmes face au poids de la religion dans la société sénégalaise débutent peu après l'indépendance, en 1961, à l'initiative de Mamadou Dia, Président du Conseil. Le temps faisant son œuvre, le nouveau Code de la Famille est instauré en 1972 à l'initiative du Président Léopold Sédar Senghor, solidifiant l'aspect laïc de la société, car la forte pression qui pèse sur les épaules des femmes trouve son sens dans l'interprétation des textes religieux. Vis-à-vis de la situation de la femme, l'on se réfère au Coran, le livre sacré, renfermant la parole d'Allah (Soub-hanahou Wa Ta'Ala), mais aussi la *Sunna* du Prophète Mohamed (Paix et Salut sur lui), qui représente le modèle de comportements normatifs, ainsi que la parole du Prophète telle qu'elle est rapportée. Ce sont les *Hadiths* transmis par ses compagnons de lutte, des membres de sa famille, ou encore sa veuve, Aïcha.

En plus de ces sources majeures, il est à noter les interprétations des diverses branches islamiques telles que les branches sunnites, chiites et kharidjites, et les écoles qui en sont nées *(hannafite, hanbalite, malékite, shafe'ite).* Au Sénégal, avec les confréries *tidiane, mouride, niassène, khadre* et *layène,* qui sont la caisse de résonance de leurs disciples, surtout féminines, qui trouvent dans la parole des guides des confréries des enseignements pour mener leur vie d'épouses, de sœurs, de mères… Sans oublier Les apports culturels de l'ethnie, de la famille, de l'entourage amical, qui pèsent de tout leur poids dans la vie quotidienne des femmes.

Comme j'en ai fait état précédemment, chrétiens et musulmans cohabitent pacifiquement au Sénégal. Il n'est pas rare donc de voir des jeunes filles issues de familles musulmanes recevoir une instruction de la part de religieuses chrétiennes. Ce fut mon cas, avec tout mon cursus primaire et secondaire effectué chez les Soeurs de la Congrégation de Saint-Joseph de Cluny, au Collège Immaculée Conception de Dakar. Les religieuses s'efforçaient - avec brio du reste - de nous faire cohabiter au sein de l'établissement dans le respect de nos éducations, croyances et origines.

Les seuls contacts avec des personnes de l'autre sexe se résumaient à mes professeurs, mes amis ou des membres de ma famille, père, oncles, frères, cousins. Cette non-mixité dans laquelle j'ai baigné du primaire à l'obtention de mon baccalauréat a grandement accru ma perception du monde féminin, m'a permis de développer ma perception de ma féminité, mais aussi de prendre conscience du concept de sororité. Car en côtoyant chaque jour pendant douze années des filles, partageant ensemble joies, peines, accomplissements et échecs, tissant des liens forts et semant les graines de femmes que nous étions en passe de devenir, je peux être en mesure de dire que les premières questions ayant trait à ma condition de femme ont germé. Il est vrai que ces questionnements ne trouvaient pas toujours de réponses, certains restant même en suspens, mais nous tentions tant bien que mal de combler ce gap par des lectures et des causeries.

Étant certes inscrite dans une école catholique non mixte, je n'avais pas droit à l'erreur et l'auto-apitoiement, du fait de ma condition féminine. Car avec un père qui veillait personnellement à ce que je sache que *« je suis une fille »* n'était pas une excuse et que je jouissais des mêmes facultés intellectuelles que mes frères, cousins et amis, il ne me venait jamais à l'esprit de me plaindre.

Il est vrai que les préoccupations ne sont pas les mêmes lorsqu'on a la vingtaine et la trentaine. C'est donc tout naturellement que mon regard a changé sur le monde qui m'entoure, sur la société sénégalaise et ses lourdeurs concernant les femmes. En grandissant et affinant mon esprit critique au moyen de lectures, discussions et l'observation à la loupe de la société dans laquelle j'évoluais, je me rendais compte qu'il existait bel et bien un gap entre filles et garçons. Que ce soit au niveau des loisirs, des tâches à effectuer, de l'habillement, ou même des sujets à aborder, les filles devaient être à leur place et les garçons à la leur. La dichotomie était claire, nette et précise !

Vous avez dit féministe ? se veut donc un mélange de tout cela, à travers les écrits de femmes de lettres ayant apporté leur pierre à la construction de l'édifice féministe, mais aussi à travers le ressenti d'une jeune femme sénégalaise face à ce qu'est devenu le féminisme dans son pays.

SIMONE DE BEAUVOIR,
LE DEUXIÈME SEXE

Le XIXe siècle est la période durant laquelle l'Europe connaît une large phase d'industrialisation. Communément désignée sous le vocable de Révolution Industrielle, l'objectif consistait à passer d'une société à dominante agricole à une société commerciale et industrielle. Les premiers territoires à s'industrialiser sont la Grande-Bretagne, puis la Belgique, suivies de la France et de la Suisse. Raison pour laquelle d'aucuns pensent qu'il convient mieux de parler de Révolutions Industrielles, car les États-Unis et le Japon seront aussi *« piqués »* par le virus de l'industrialisation.

Moins d'un siècle sera nécessaire - 90 ans plus précisément - pour mener à bien le *« take-off »* favorisant les découvertes et innovations industrielles et technologiques.

C'est dans ce contexte de Révolution Industrielle, en 1949, que Simone de Beauvoir publie *Le Deuxième Sexe* aux Éditions Gallimard. Le livre est divisé en deux tomes : le tome 1 traite des Faits et Mythes autour de la condition féminine, tandis que le tome 2 relate l'Expérience dans la peau d'une femme. Mais bien avant la publication de cette œuvre, des thèses plus anciennes ont été développées autour de la question du féminisme et ont permis de dessiner les contours des revendications féministes dans diverses contrées.

L'on peut citer le cas des Linguères au Sénégal au temps du matriarcat, le MLF (Mouvement de Libération des Femmes) né en France en 1970 et le Women's Liberation Movement, qui a vu le jour en Amérique en 1962.

Simone de Beauvoir, avec la publication du *Deuxième Sexe*, sera considérée comme la pionnière des questions autour du genre.

« On ne naît pas femme, on le devient ». Cette assertion à elle seule résume l'œuvre de Simone de Beauvoir. Née dans une famille bourgeoise où son destin était déjà tout tracé : se marier et avoir des enfants. Seulement, étant à dix mille lieues de tout cela, elle se réfugie dans la lecture. À cet amour de la lecture, viendra se greffer celui de l'écriture. Avec une multitude d'œuvres de fiction écrites et une autobiographie, avant et après la publication du *Deuxième Sexe,* Simone de Beauvoir s'impose comme une femme de lettres de talent.

Prenant très tôt conscience de sa condition féminine, qui selon elle, est basée sur *« l'émotion et la subjectivité propres aux femmes »,* Simone de Beauvoir remarque au sein de son environnement familial, mais aussi dans son milieu professionnel - elle est devenue professeure entre-temps - que la femme est dévalorisée et mise au rebut.

Un homme ne commence jamais par se penser comme un individu d'un certain sexe : *« qu'il soit homme, cela va de soi » (Le Deuxième Sexe, tome 1, page 16).* Le sexe dit *« faible »,* s'affaiblit donc lui-même, car ayant accepté sa condition inférieure de femelle. Et cela débute dès le jeune âge. Les garçons utilisent leur force et leur vitalité pour conquérir et les filles suivent, en cajolant leurs poupées et se réfugiant entre les jupes de leurs mères à la moindre contrariété. À la puberté, les cycles menstruels avec leur lot d'instabilités et de fragilités dues aux menstrues, poussent la femme à se complaire dans son rôle de vassale de l'homme. La biologie creuse encore plus l'écart entre homme et femme.

Au-delà du point de vue biologique qui montre les différences auxquelles font face les deux sexes, Simone de Beauvoir s'intéressera au matérialisme historique. À travers ce matérialisme, l'accent est mis sur la lutte des classes et l'évolution économique et politique fondée sur les causes matérielles qui s'en est suivie. Cette conception de l'histoire a été prônée par Karl Marx, chantre de la lutte des classes. Simone de Beauvoir s'appuie sur cette thèse pour démontrer que la longue période du matriarcat est révolue, la femme est désormais assujettie à son rôle de procréatrice et de maîtresse de maison : *« la femme ne peut être émancipée que lorsqu'elle peut prendre part dans une grande mesure sociale à la production, et n'est plus réclamée par le travail domestique que dans une mesure insignifiante ».*

Cela va sans dire que Simone de Beauvoir sera fortement critiquée pour ces lignes, accusée qu'elle sera de vouloir détourner ses pairs de leurs fonctions régaliennes et les pousser à accomplir un crime d'une dangerosité extrême : réfléchir…

Simone de Beauvoir pose ainsi les jalons de sa plume rebelle et anticonformiste. Elle essaie tant bien que mal de sortir du moule si soigneusement huilé que façonne la société pour la gent féminine.

Le facteur déterminant qui a fait permuter le matriarcat en faveur du patriarcat serait, selon Simone de Beauvoir, dû au fait que la femme inspire la… peur ! Consciente de ses droits, pleinement éveillée, elle est une source de richesses incontestée et incontestable. La religion chrétienne n'est pas épargnée dans la liste de ses griefs : *« l'idéologie chrétienne a aussi un peu contribué à l'oppression de la femme. Adam a été conduit au péché par Ève et non par Adam ».*

Elle dénonce et rejette ainsi toutes les thèses véhiculées qui ne feraient que faire prendre conscience à la femme de sa position inférieure… Simone de Beauvoir a toujours rejeté l'éducation bourgeoise qui fut la sienne ; et par là même, son lot de contraintes. En se basant sur celle-ci, elle exhorte la femme à travailler, à s'accomplir et à s'épanouir.

Elle estime que les travaux producteur et reproducteur ne vont pas de pair. C'est l'une des raisons pour lesquelles elle fut une militante acharnée de l'avortement et de la contraception. En plein *« baby-boom »* européen où les pics de naissance devaient remonter d'urgence, pour combler les gaps de la natalité, c'est un euphémisme que de dire que les thèses soutenues par Simone de Beauvoir furent fortement critiquées… Alors qu'en plein XXe siècle, la femme doit avoir des préoccupations afférentes à son foyer, Simone de Beauvoir jette un pavé dans la mare et bouscule les idées jusqu'ici reçues.

La partie concernant les Mythes autour du sexe féminin et contenue dans le Tome 1 du *Deuxième Sexe* traite de l'asymétrie criarde que l'on remarque entre l'homme et la femme. Jamais jusque-là, on n'a vu l'homme se définir par rapport à la femme ; ce qui n'est pas le cas de cette dernière. Tout ce qu'elle est et tout ce qu'elle aspire à être est par et pour l'homme, le sexe dit *« fort »*.

Les mythes autour desquels l'homme conçoit sa *« moitié »* sont tellement puissants qu'ils sont solidement ancrés dans nos mœurs : la femme mère, la femme vierge… L'on remarque que même si les hommes ne souhaitent pas devenir des femmes, ils veulent continuer à dominer, recherchent douceur et réconfort auprès d'elles.

Toujours dans le Tome 1 du *Deuxième Sexe,* Simone de Beauvoir part du postulat que la femme devrait considérer sa vie de couple avec (son) homme comme une complémentarité et pas autre chose…

Cet extrait lu dans *La femme indépendante* (condensé de passages édifiants du *Deuxième Sexe,* rappelons-le), permet de s'en rendre compte : *« La vie en commun de deux êtres libres est pour chacun un enrichissement, et dans les occupations de son conjoint chacun trouve le gage de sa propre indépendance ; la femme qui se suffit affranchit son mari de l'esclavage conjugal qui était la rançon du sien. »*

L'auteure exhorte les deux parties d'un couple - en l'occurrence l'homme et la femme - à se libérer de la dépendance qu'engendre le couple. En prenant conscience de sa propre valeur et donc de sa liberté. Ce passage ouvre d'autres perspectives… Au-delà de son combat acharné pour la cause de la femme, Simone de Beauvoir voit ici l'homme et la femme comme deux entités totalitaires qui, si elles sont soudées, peuvent faire bloc et donc se compléter ; mais prises chacune séparément, l'une peut aisément aller sans l'autre.

Ces lignes pourraient résumer l'histoire (d'amour) qui a eu lieu entre Simone de Beauvoir avec un autre homme de lettres et non moins philosophe émérite, Jean-Paul Sartre. Le couple, certes uni, était néanmoins libertaire et ne s'encombrait d'aucune convention quant à la vie à deux. La vie personnelle de Simone de Beauvoir est une source inépuisable d'inspiration pour ses écrits. En atteste la quatrième partie du Tome 1 (toujours) du *Deuxième Sexe.* Dans celle-ci, elle débute avec sa désormais célèbre assertion : *« On ne naît pas femme, on le devient. »*

Elle remonte assez loin dans l'évolution de la vie de la femme pour arriver à ce constat. Dès l'étape du sevrage des nourrissons, le petit garçon devra apprendre en toutes circonstances à être fort et se mettre dans sa peau de futur chef de famille ; alors que la fille, de par ses jeux, apprendra très tôt à être une séductrice et à endosser son rôle de femme ; femme qui se muera peu à peu en maîtresse de maison, ménagère et procréatrice. Ce (long) processus aidera la femme à prendre conscience du rôle qui lui est dévolu par la société. Ce qui lui permettra de *« devenir une femme. »*

Être docile - passive - plaire. Ce triptyque à lui seul pourrait définir la destinée de la femme. Devenue jeune fille, elle prendra conscience du conditionnement latent dont elle est l'objet ; non seulement par la société, mais aussi par l'entourage familial. Moins *« autorisée »* à utiliser ses aptitudes physiques et intellectuelles autant que l'homme, il lui restera peu d'options… Même si elle est amenée à avoir des souhaits autres que ces tâches qui lui sont assignées, difficile sera l'entreprise de s'en départir.

Simone de Beauvoir estime qu'une large victoire sera acquise par la femme, à partir du moment où elle osera s'affirmer et dire tout simplement… non !

Déjà à cette époque, elle estimait que ce n'était pas impossible, mais que le chemin serait encore long et parsemé d'embûches… Dès la puberté, la jeune fille en passe de devenir une femme constate les limites que lui impose la société : il lui est interdit de pratiquer certaines activités, car celles-ci sont typiquement réservées aux garçons. Elle, elle doit être tout entière dédiée aux jeux ciblés pour la femme en devenir. Une extrapolation sera même possible dans le domaine sexuel. L'homme sera invité, et même encouragé à multiplier les aventures et les partenaires sexuelles, tandis que la jeune fille, plus elle est prude, plus ça va…

Simone de Beauvoir creuse même plus loin en affirmant que c'est cette méconnaissance de l'autre en tant que partenaire et amant qui la poussera à rechercher son double dans ses amitiés (féminines) et explorer ainsi à sa guise un univers qui lui est interdit de prime abord.

Le Tome 2 du *Deuxième Sexe* quant à lui, aborde un tout autre aspect, car la première partie nous plonge dans la Situation de la gent féminine. Celle-ci sera majoritairement maritale. Simone de Beauvoir rejette, comme vu précédemment, totalement la notion de mariage. Selon elle, l'union maritale ne servirait qu'à *« enfoncer »* encore plus la femme dans le cycle des charges domestiques ; où elle ne peut aucunement s'épanouir. Elle enfonce le clou en stipulant que le mariage ne serait que la suite (logique ou pas) de la dépendance financière et juridique liant la femme et l'homme. Elle ne mâche pas ses mots en décriant l'institution que représenterait le mariage dans la société : « *Le principe du mariage est obscène parce qu'il transforme en droits et devoirs un échange qui doit être un élan spontané. Il donne aux corps en les vouant à se saisir dans leur généralité un caractère instrumental, donc dégradant ; le mari est souvent glacé par l'idée qu'il accomplit un devoir, et la femme a honte de se sentir livrée à quelqu'un qui exerce sur elle un droit.* »

Pour elle, aucun doute possible, dès le début, les dés sont pipés. L'homme dispose de la femme et de son corps comme il l'entend. Quant à elle, il ne lui viendrait pas à l'idée que son partenaire et elle sont deux parties complémentaires dans cette union.

La domesticité de la femme s'étend ici, dans ce mariage dont *« la nuit de noces »,* divise pleinement les rôles qui incombent à chacun : dominant et dominé (e). Simone de Beauvoir va plus loin en insinuant que même si l'amour est le fondement d'un mariage donné, celui-ci va s'amenuiser et ne pourra durer longtemps. Face à cette situation pour le moins inégalitaire, Beauvoir propose une union libre où les deux conjoints seraient exempts de tout engagement.

Ayant été une ardente défenseuse de la contraception et de l'avortement, Simone de Beauvoir rejette totalement la notion d'instinct maternel, qui est selon elle l'un des nombreux dérivés du patriarcat. Toute femme devrait avoir le droit de choisir d'enfanter… Beauvoir récuse avec force le fait que les différentes étapes liées à la maternité (accouchement, allaitement, gestation) soient forcément des étapes heureuses pour toutes les femmes. Elle se fait l'avocate de toutes ces femmes qui n'ont pas nécessairement choisi d'être mères, mais qui, par crainte du lourd regard (de la société), procréent.

Cette même société qui imposera à la femme au foyer d'être maquillée et habillée avec soin. Car il faut en permanence que ces maîtresses de maison donnent l'impression d'être heureuses de leur(s) condition(s). Leur seule source de révolte consistera à commettre l'adultère ; souvent mal perçu s'il est commis par l'épouse, mais excusable s'il est d'origine masculine.

Simone de Beauvoir repousse les limites du politiquement correct en abordant la question des femmes adeptes du plus vieux métier du monde, à savoir la prostitution. Beauvoir cherche à connaître les raisons qui poussent les femmes à se prostituer, et pousse même le vice jusqu'à établir un parallèle entre la femme mariée (au foyer) et la péripatéticienne, car toutes deux dépendent financièrement de l'homme. En un mot, pour donner un avis définitif sur la question, Simone de Beauvoir estime que le salut de la femme réside dans sa capacité à s'assurer un travail décent, qui lui permettrait de s'assurer et subvenir à tous ses besoins.

Si cela n'est pas fait durant le temps où la femme jouit de toutes ses aptitudes physiques, la ménopause amènera son lot de frustrations et de mécontentement(s). Les enfants partis, elle ne pourra pas vivre par procuration à travers ses petits-enfants (si elle en a). Elle essaiera d'être active, mais son heure sera quelque peu passée. Une lueur d'espoir subsistera cependant, et elle sera dans les jeunes filles des générations à venir qui reprendront le flambeau et iront à l'assaut de leurs libertés. Beauvoir analyse le caractère passif de la femme, et arrive à la conclusion que celui-ci n'est que la résultante de la mystification dont fait preuve l'homme pour la maintenir dans sa condition de servitude. Mystification que Simone de Beauvoir trouve dans la religion, dans la morale et dans l'acceptation que la femme elle-même en fait. Elle répète encore que le dépassement de la femme réside (uniquement) dans l'acquisition de son indépendance.

La 2e partie du Tome II du *Deuxième Sexe* permet à Simone de Beauvoir d'établir les portraits des femmes qui lui semblent déterminants. Elle distingue tour à tour la narcissiste, l'amoureuse et la mystique, dont parfois les portraits se croisent. Chacune de ces femmes aura en commun avec l'autre le désir de vouloir dépasser sa condition. *La narcissiste,* elle, aura à cœur de placer l'amour de soi au centre de son existence. Craignant par-dessus tout la passivité, elle se voue une admiration sans bornes. Comme le regard que porte sur elle la société a une importance capitale, elle a toujours peur de perdre son pouvoir de séduction.

L'amoureuse, tel que son qualificatif l'indique, ne vivra que pour un unique leitmotiv : aimer et être aimée. Sa vie tournera autour de ce sentiment, qui lui permettra de se sentir valorisée et protégée. Mais gare au retour de bâton, car si cet amour venait à s'étioler, elle ressentirait cruellement un sentiment d'abandon. Quant à *la mystique,* toute l'essence de son existence tournera autour de la religion et du mysticisme. Les prières qu'elle formule l'aideront selon elle à trouver un sens à sa vie.

En effectuant le portrait de ces trois types de femmes, Simone de Beauvoir amorce la 3e partie qui vient clore le *Deuxième Sexe.* Elle décrit ici le portrait du type de femme qui sied à la société dans son entendement.

Dans cette partie, intitulée *La femme indépendante,* l'auteure, même si elle admet qu'il y a eu des progrès pour la libération de la femme - les femmes votent en France depuis 1945 - pense qu'il reste des choses à faire. Même si les femmes font entendre leurs voix dans la gestion de *la polis,* leur insertion dans la société et par extension dans le monde du travail, laisse à désirer. Simone de Beauvoir place tous ses espoirs dans le socialisme pour faire bouger les choses et aider les femmes à se réaliser à travers un but ; et ainsi aboutir à l'accomplissement de soi. Elle déplore -

dans cette quête d'accomplissement - le fait que la femme doive laisser en chemin ses aspirations et ses rêves ; tout le contraire de l'homme qui trace sa route sans aucune contrainte…

Pour faire éclore les talents féminins, il faut regarder vers l'avenir et faire plus de place à la femme, pour qu'elle puisse user à bon escient de ses talents.

Au terme de cette étude du *Deuxième Sexe,* qui a fait des émules un peu partout dans le monde, l'idée d'une fraternité effective, une complémentarité entre hommes et femmes commence à émerger. Selon Simone de Beauvoir, les torts sont partagés et la vraie égalité ne sera possible qu'à partir du moment où les hommes arrêteront leur mystification à l'égard des femmes, et que celles-ci chercheront à sortir des limites imposées à leur condition féminine. En un mot, les hommes devront cesser de voir les femmes comme des mères et des épouses uniquement ; mais devront les regarder avec un œil neuf, pour voir en elles des femmes à forte valeur ajoutée. Quant aux femmes, elles ne devront plus se satisfaire de leur condition. Car en acceptant toutes les limites qu'on leur trace, elles se font complices de ceux qui les asservissent.

Il faut avouer que certains passages du *Deuxième Sexe* peuvent sembler psychorigides ou même choquants (cf. les propos de Simone de Beauvoir sur le mariage ou la sexualité féminine). Mais il faut lui reconnaître la volonté d'avoir voulu très tôt casser les codes et pousser la femme à s'affirmer. Dans une Europe puritaine où toute volonté d'anticonformisme et de sortie du cadre social préétabli était mal vue, le *Deuxième Sexe* a essuyé une volée de bois vert.

Il faut cependant chercher plus loin et creuser vers l'enfance de Simone de Beauvoir pour comprendre ce qui l'a poussée à s'intéresser avec autant d'acuité à la condition féminine. Élevée par un père qui lui répétait sans cesse qu'elle avait *« un cerveau d'homme »,* Simone de Beauvoir a très tôt compris qu'avoir des ovaires n'était pas synonyme de plaisir dans cette première moitié du XXe siècle. Faisant fi des traditions et surtout du *« qu'en-dira-t-on »,* elle choisira de privilégier ses capacités intellectuelles plutôt que ses dons esthético-féminins. Ce qui l'a amenée à rayonner et à acquérir ce statut de pionnière en termes de pensée autour de la question féminine.

La mixité, la complémentarité, tels étaient ses crédos, en lieu et place de la séparation qui conduirait à une fragilisation de la femme. Plus de 60 ans après sa première parution, les idées développées dans le *Deuxième Sexe* sont toujours aussi fortes pour quiconque veut réfléchir sur la question féminine.

Elle résume tout avec cette assertion extraite du *Deuxième Sexe : « la femme est vouée à l'immoralité, parce que la morale consiste pour elle à incarner une inhumaine entité : la femme forte, la mère admirable, l'honnête femme. »*

Awa Thiam,
La parole aux négresses

L'on ne peut parler de féminisme en Afrique noire et occulter l'œuvre de Awa Thiam, qui a beaucoup réfléchi et écrit sur le sujet. Je me suis donc intéressée à son ouvrage *La parole aux négresses* pour les besoins de *Vous avez dit féministe ?*

Publié en 1977, en pleine période post-indépendance pour plusieurs pays d'Afrique (qui ont acquis la souveraineté nationale pour la plupart en 1960), *La parole aux négresses* (Paris, Denoël-Gonthier, 1977) offre une véritable fresque socio-culturelle et cultuelle et ne laisse aucun sujet au hasard. La femme sénégalaise, malienne, guinéenne, kenyane, somalienne, soudanaise, est blessée, meurtrie, spoliée dans sa chair par ses frères, oncles, maris, pères, grands-pères. Au nom de quoi ? Au nom de la tradition, sous couvert de patriarcat et de phallocratie…

Ce patriarcat, au nom du *« mieux-être »* des femmes, entretient des traditions bien pesantes. Ces *« traditions »* ont pour nom clitoridectomie, infibulation, mariage forcé, analphabétisme…

Awa Thiam, avant Mariama Bâ (dont *Une si longue lettre,* ouvrage phare est paru en 1980), a donc publié *La parole aux négresses* en 1977. La préface est de Benoîte Groult, auteure française, qui a beaucoup écrit sur la question des femmes, notamment l'excellent *Ainsi soit-elle*, (Paris, Grasset, 1975).

« Lutter, c'est se battre avec résolution et foi dans une victoire certaine, comme la promesse d'un bonheur

prochain et sûr, que l'on vivra ou que d'autres vivront. Donc lutter avec la ferme conviction qu'il y aura un aboutissement positif-en notre présence ou en notre absence. LUTTER. » (La parole aux négresses p. 162*).*

À l'époque où Awa Thiam écrit son livre, beaucoup de ses congénères ont fait des études, enseignent, occupent de hautes fonctions ; mais ces femmes alphabétisées représentent l'arbre qui cache la forêt. À leurs côtés, l'on voit d'autres femmes qui n'ont pas voix au chapitre, sont reléguées dans les arrière-cours des maisons, enfouissant leur mal-être au plus profond d'elles-mêmes, et pis même, considérant celui-ci comme l'ordre normal des choses.

Dans la première partie du livre, intitulée *Des mots de négresse,* Awa Thiam donne la parole à des femmes qui en étaient privées. Mariées de force, par leur père, grand-père, oncle, ou un quelconque autre *« mâle »* de la famille. Face à ce mariage où l'amour n'a aucune place, elles seront tentées par la rébellion. Mais vers qui se tourner ? Personne. Car il est impensable que ce mariage - plus une alliance stratégique entre familles, qu'un mariage d'amour - ne puisse se faire. Au stress de contracter un mariage sous la contrainte - parfois sans avoir jamais vu le conjoint - viendront s'ajouter des aléas tels que les coépouses, la cohabitation dans un espace exigu et les grossesses successives.

Après les mots des négresses, viennent les maux dont elles souffrent, et ce jusque dans leur chair. L'excision est un mal qui sévit dans plusieurs pays d'Afrique. Aucune petite fille ne peut y échapper, sous prétexte d'en faire une *« femme »* de valeur.

Les passages décrits par Awa Thiam sont d'une cruauté extrême, mais au nom du partage de l'information, je les rapporte ici : *« Après avoir écarté de ses doigts les grandes et petites lèvres de la fillette, la matrone les fixe dans la chair, de chaque côté des cuisses, au moyen de grosses épines. Avec son couteau de cuisine, elle fend le capuchon, puis elle le coupe. Tandis qu'une autre femme éponge le sang avec le chiffon, la mère creuse de l'ongle un trou le long du clitoris afin de décortiquer cet organe. La fillette pousse des cris épouvantables, mais personne ne s'en soucie… La mère finit par déraciner le clitoris qu'elle dégage et extirpe avec la pointe de son couteau. » (La parole aux négresses* p. 77*).*

L'infibulation, qui consiste à l'ablation des grandes et/ou petites lèvres, et la clitoridectomie, à l'ablation du clitoris, sont des pratiques qui perdurent en Afrique noire depuis des temps immémoriaux. Awa Thiam perce le mystère de ces pratiques taboues, dont tout le monde connaît l'existence, mais qu'on ne remet pas en question. En cherchant, l'auteure bute sur la justification islamique, alors qu'en réalité, il n'est mentionné nulle part dans le Coran que l'excision était une pratique à encourager.

Les différents témoignages recueillis par Awa Thiam permettent de voir que quand bien même les femmes cherchent à se défaire de ces pratiques mutilatoires, elles n'y arrivent pas.

En atteste le témoignage d'une Malienne âgée de 35 ans, elle-même excisée et infibulée. Ayant subi un traumatisme psychique suite à ces mutilations, elle avait décidé de ne pas faire subir la même chose à ses trois filles, nées en France. Mais c'était sans compter sur la volonté de sa mère à elle, donc grand-mère de ses filles. En son absence, ses filles se font *« couper »* et elle ne peut que constater l'ampleur des dégâts. Que faire ? Se rebeller ? Plutôt mourir que de manquer de respect à sa mère. Elle verse des larmes d'impuissance.

Pour clore cette partie sur les mutilations génitales, nous observons que celles-ci sont majoritairement pratiquées au Mali chez les Dogons et les Bambaras, en Somalie, chez les Afars et les Issas, au Kenya, au Sénégal…

Le livre de Awa Thiam est d'autant plus intéressant qu'il touche plusieurs sujets, et pour les besoins de *Vous avez dit féministe ?,* celui qui s'intitule Féminisme et révolution m'a particulièrement intéressée.

Idéologiquement, je dirais que Awa Thiam se rapproche plus de Simone de Beauvoir, car leurs écrits ont cette dose de combativité qui s'assimile à la révolution d'où le nom de la dernière partie de *La parole aux négresses.*

Alors qu'au lendemain de la Révolution industrielle et des profondes mutations concomitantes que l'Europe a connues, les femmes européennes semblent avoir eu un semblant de liberté(s), mais les Africaines se cherchent encore. Comme vu auparavant, les femmes africaines sont grandement retardées dans leurs perspectives d'évolution par des fléaux tels que la polygamie institutionnalisée, les mutilations génitales, les mariages forcés.

Awa Thiam effectue un flashback dans l'historique de l'oppression de la femme négro-africaine qui, durant l'esclavage, était non seulement soumise aux desiderata des hommes noirs, mais aussi à celui du *« maître »* blanc qui voyait en elle un moyen d'assouvir sa libido en mal d'exotisme.

Et au-delà des violences subies par les femmes au vu et au su de tous, il en existe d'autres, insidieuses celles-ci : la violence misogyne et phallocratique. Car celui qui détient le phallus a le droit de brimer et de rabaisser continuellement la femme. Analphabètes comme intellectuelles, aucune femme n'y échappe. Awa Thiam établit une comparaison entre la situation des femmes négro-africaines et celle des Afro-Américaines. Dans le Massachusetts, les Américaines ont eu le droit de vote en 1691, mais ce droit leur a été retiré en 1780.

Elles continuèrent à lutter, avec la création en 1840 de l'*Equal Right Association.* Le mouvement continuera plus tard avec l'*Association Nationale pour le Suffrage Féminin,* qui fusionnera avec l'*American Women Suffrage Association.* En Angleterre, le féminisme militant débute avec Mary Wollstonecraft qui publie *A Vindication of Rights of Woman* en 1792 et en France, Simone de Beauvoir, la figure de proue.

Les femmes africaines, bien que fortement marginalisées et affaiblies, ont joué un grand rôle dans la libération de leurs pays. À chaque fois qu'il fallait se battre pour barrer la route au colon, les femmes étaient en première ligne. Le cas de la Guinée est un exemple patent.

Après avoir dit non au projet de communauté franco-africaine en 1958 au général de Gaulle, la Guinée s'est prise en main. En incluant dans sa politique la femme, le pays accorde une large place à la Guinéenne. Les femmes sont dans le Gouvernement (22 ministres en 1975), et le parti au pouvoir - le PDG (Parti Démocratique Guinéen) leur laisse l'initiative.

Le Président Sékou Touré s'attaque aussi à la polygamie en déclarant que *« Chez les jeunes qui montent on doit créer la haine de la polygamie »* (*La parole aux négresses* p. 177).

Les Africaines ont toujours lutté et luttent encore pour s'affirmer. Le livre de Awa Thiam, en leur donnant la parole, leur permet de mettre les mots sur les maux dont elles souffrent.

Quel avenir pour les luttes des femmes d'Afrique ? Une société à l'origine de celle européenne, où les femmes sont libres et réprouvent tout ? L'Africaine s'y perdrait à coup sûr… Il faudra que les Africaines s'assument, soient solidaires et fassent ensemble les pas qui leur permettront de sortir du patriarcat si étouffant.

Publié en 1977, *La parole aux négresses* est un livre si actuel qu'en le lisant, j'ai eu l'impression qu'il venait de sortir. Les femmes sont éduquées, voyagent, font entendre leur voix dans les grandes instances de décision, mais beaucoup reste à faire.

Car comme le dit Awa Thiam en concluant son ouvrage, « *En d'autres termes, nous dirons qu'il s'agit non d'une course de vitesse, mais d'une course de fond. Que les femmes s'arment en conséquence pour la mener à bien.* » (*La parole aux négresses* p. 186).

Mariama Bâ
ou le féminisme associatif

S'il y a bien une auteure qui a toujours placé la femme au cœur de ses écrits, c'est bien Mariama Bâ. Quand on observe à la loupe ses deux productions littéraires majeures (sans oublier les articles et discours), dont elle nous a gratifiés, l'on voit que la condition féminine y occupe une place de choix. Que ce soit dans son ouvrage phare *Une si longue lettre* (paru en premier aux Nouvelles Éditions Africaines du Sénégal en 1979, puis dans la Collection Motifs du Serpent à Plumes en 2001) ou le suivant (*Un chant écarlate,* Nouvelles Éditions Africaines du Sénégal, 1981), la femme et sa place dans la société (sénégalaise) figurent en bonne place dans les romans que nous a laissés en héritage la femme de lettres.

Qui ne se souvient pas de la correspondance enflammée entre Ramatoulaye et Aïssatou, chacune faisant face ou ayant fait face à des aléas dans son mariage ? Ou encore d'Irène et Ouleymatou, l'une blonde comme les blés, et l'autre une plantureuse *jongoma* au teint d'ébène, qui se disputaient les faveurs de Ousmane « Oussou » ? Ces femmes aux parcours certes singuliers, trouvent chacune leur place dans le cercle social sénégalais et plus largement africain ; en ce sens qu'elles rencontrent chacune des difficultés dans leur condition de femme : castes, mariages mixtes, traditions sénégalaises, polygamie…

Dans *Mariama Bâ ou les allées d'un destin,* pertinent essai écrit par Mame Coumba Ndiaye, fille de l'auteure (Nouvelles Éditions Africaines du Sénégal, 2008), celle-ci fait remarquer que *« si ses romans ont eu du succès, comme l'attestent les spécialistes, c'est qu'ils sont considérés comme des livres phares par rapport à ses devanciers, qui n'éclairent pas les générations sur les vraies conditions de la femme. »*

À l'instar de Simone de Beauvoir trente-deux ans plus tôt, Mariama Bâ fait office de pionnière et s'impose, à son corps défendant, comme porte-voix des femmes… Même si elle récusait le terme de *« féminisme »,* et se revendiquait des associations et regroupements féminins, force est de reconnaître l'avance qu'avait Mariama Bâ sur son temps. Dans un pays ayant certes accédé à la souveraineté nationale vingt et une années plus tôt, le poids des traditions est si prégnant qu'une femme prenne la plume pour aborder certains sujets tels que la polygamie, le patriarcat, la place de la femme dans les instances de décision, relevait presque d'un acte révolutionnaire !

Cependant, avant de plonger plus avant dans l'étude de l'œuvre de Mariama Bâ et de sa corrélation avec le féminisme tel qu'il était perçu à cette époque, faisons une brève incursion dans l'enfance de Mariama Bâ pour en extirper les sources de son militantisme.

Dans un Sénégal certes indépendant, mais collaborant encore sur bien des aspects avec l'ancien pays colonisateur, la scolarité introduite par les colons restait majoritairement réservée aux garçons. Elle demeurait balbutiante pour les filles. Celles-ci devaient s'atteler aux tâches ménagères et plus tard, savoir tenir une maison. Comme vu chez Simone de Beauvoir, le destin initialement prévu sera bousculé. Ayant très tôt perdu sa mère et habitant chez ses grands-parents, les sœurs Mariama et Maguette Bâ vivent comme toutes les jeunes filles de leur âge, pudiques, réservées et toujours dans le giron familial.

Leur père insista pour qu'au moins l'une de ses filles aille à l'école. Ce fut sa cadette Mariama qui eut cette chance. Elle le dit d'ailleurs elle-même : *« j'eus la chance de fréquenter l'école grâce aux insistances réitérées de mon père ; qui, à chacun de ses congés, priait mes grands-parents de lui accorder cette faveur. »*

À partir de ce moment, et bien malgré elle, Mariama Bâ deviendra un exemple, voire un symbole. La véritable connaissance de son être en tant qu'individu, mais aussi en tant que femme, eut lieu avec la lecture, activité qui lui permet de nourrir son intellect, mais aussi de parfaire son élocution. Son père, ardent défenseur de la condition féminine, voyait grand pour sa progéniture. Quand les filles n'étaient pas *« privées »* d'instruction scolaire, les seules voies de carrière qui leur étaient offertes résidaient dans le secrétariat, la dactylographie, et d'autres métiers du même acabit. Mariama Bâ entre à l'École Normale des Jeunes Filles de Rufisque, à l'issue d'un concours dont elle sort major. Le *« cas Mariama Bâ »* commence à intéresser, à intriguer. La prise de conscience de la fragilité de sa condition féminine commence véritablement à l'intégration de cette prestigieuse école.

Élevée dans la plus pure tradition sénégalaise où le propre de la femme est de faire preuve de pondération à tout instant, elle se confronte à d'autres jeunes filles de différents horizons : Guinée, Côte-d'Ivoire, Soudan (actuel Mali), Haute-Volta (actuel Burkina), Niger, Togo, Cameroun et commence à réfléchir sur cette différence de provenances. Les bases du militantisme féminin sont ainsi jetées. Une volonté d'user de sa liberté de ton et de mouvement indispose presque ses camarades. L'anticonformisme est son leitmotiv. Au lieu de devenir une simple secrétaire, elle prend son élan, encouragée par son père et obtient une bourse pour s'inscrire au Lycée Van Vollenhoven (actuel Lamine Guèye).

Jeune professeure, elle se marie une première fois. Dans une société qui vantait à hue et à dia la promotion de la femme, l'émancipation de femmes de la génération de

Mariama Bâ était encore assez mal vue. En phase avec leur époque, décomplexées, elles bousculent certaines rigidités sociétales qui freinent leur ascension. Ce qui ne sera pas chose aisée. Critiques et quolibets en tous genres fusent. Tous les sujets ayant un quelconque rapport avec la *« liberté »* et l'avancée des idées féministes sont mal perçus ; car l'on accusait (à tort) ces femmes instruites de se renier et de vouloir s'occidentaliser : *« Comme toute nouveauté, notre promotion suscitait beaucoup de critiques malveillantes. Elle avait ses détracteurs, ce qui était assez surprenant, surtout dans les rangs des intellectuels. Tout ce qui touchait à l'émancipation féminine était perçu avec hostilité. De partout, nous étions celles qu'on montrait du doigt, accusées de perdre notre identité. On nous en voulait. »*

Tels seront les mots de l'auteure pour résumer cet état de fait. Entre l'environnement et l'ouverture sur un *« autre »* monde, la jeune nation sénégalaise se cherchait encore, et rejetait catégoriquement tout ce qui lui était étranger, sans analyser les phénomènes. En mettant leurs filles à l'école, certains parents tendaient à instaurer un nouveau paradigme et leur faire entrevoir les possibilités qui s'offraient à elles. La gent masculine, désireuse de *« posséder »* ces femmes, mais en même temps réprouvant leur modernité et leur désir de s'affranchir de certaines traditions surannées, ne les comprenait pas.

C'est dans ce climat de fortes réactions que Mariama Bâ se marie pour la première fois. Son premier mari, Bassirou Ndiaye, est un homme avec qui elle ne s'entendra pas, soucieux qu'il était de maintenir la femme dans le schéma traditionnel de soumission et de servilité. Deux autres mariages suivront, avec un médecin, et plus tard, avec Obèye Diop, ministre de l'Information. Son union avec Obèye Diop, en plus de lui apporter l'émulation intellectuelle qu'elle recherchait, lui donne une visibilité dans des assemblées et discussions où elle n'était pas vue comme une simple femme, mais comme quelqu'une dont la voix comptait.

Dans chacun de ses mariages, Mariama Bâ refuse d'être une femme larmoyante et qui se satisfait de son sort. Déterminée à lutter et à s'imposer, elle fait fi de toutes les pesanteurs qui l'empêchent de s'épanouir et fait le choix, toujours douloureux, de *« rompre » : « avec le recul du temps, j'ai eu à découvrir que les humains n'aiment pas ce qui sort de la foule, ce qui touche à l'ordre sacré des choses. Il doit y avoir un danger que les autres perçoivent comme une bravade. J'étais trop jeune et trop peu expérimentée pour comprendre cette complexité de la vérité humaine. »*

C'est l'une des raisons pour lesquelles beaucoup pensaient que la correspondance entretenue par les deux amies Ramatoulaye et Aïssatou concernait un pan de la vie de Mariama Bâ. Deux destins parallèles, deux femmes marquées par la vie, mais à en croire l'auteure, elle se plaçait volontiers du côté de Aïssatou que de celui de Ramatoulaye, qui se résignait à son triste sort.

Ce qui fait la particularité d'*Une si longue lettre,* c'est que l'ouvrage se présente sous une forme épistolaire ; Ramatoulaye, récemment veuve, écrit à son amie Aïssatou, qui vit en exil pour lui conter sa vie. Ramatoulaye, femme douce et aimante, a perdu son mari Modou Fall, l'amour de sa jeunesse, et père de sa douzaine d'enfants. Mais nonobstant le fait que Modou et elle se soient connus durant leur adolescence, celui-ci l'a délaissée pour s'amouracher de Bintou, devenue sa femme, qui n'était autre que la meilleure amie de sa fille aînée Daba.

À partir du moment où Modou contractera son deuxième mariage, il n'aura d'yeux que pour sa Bintou, délaissant femme et enfants. Mais Ramatoulaye demeure stoïque et fait face avec dignité. Le destin, bien que l'ayant liée à

Aïssatou à travers les liens solides de l'amitié, les séparera quant à leurs choix de vie. Durant leur jeunesse, Modou et Ramatoulaye formaient un couple d'un côté, Aïssatou et Mawdo de l'autre. Quand Mawdo prit une seconde épouse pour *« ménager »* sa mère, comme il disait, Aïssatou prit le parti de s'en aller, ne pouvant partager tout ce qu'elle avait réussi à construire jusque-là.

Plus qu'un roman, Mariama Bâ a esquissé un véritable tableau à travers sa missive.

Dépeignant de sa si belle plume l'atmosphère socio-économique, mais aussi culturelle du Sénégal d'après les indépendances, avec son lot de croyances (infondées ou fondées), d'idéologies, de comportements, elle placera la femme au cœur de son récit. Femme bafouée, devant endurer en silence brimades, trahisons, au nom de sa progéniture, elle lance un vibrant hommage à cette gent féminine qui commençait malgré tout à faire entendre sa voix. La modernisation faisant son effet, avec l'émergence des premiers mouvements féministes, la femme africaine, mais aussi sénégalaise, s'assumait et réclamait la place qu'elle méritait dans la société.

Mais Mariama Bâ ne s'arrête pas là. En dénonçant le cruel système des castes qui hiérarchise la société sénégalaise selon l'activité socioprofessionnelle, elle se fait solidaire des femmes, qui, à l'instar de Aïssatou, tournent le dos à leur bonheur, et préfèrent partir plutôt que d'être humiliées. Leur belle-famille ne les accepte pas, car elles n'ont pas le sang *« pur »*. Le système des castes n'est pas le seul problème soulevé dans *Une si longue lettre*. En mettant dos à dos les réactions discordantes de Ramatoulaye et Aïssatou face à la deuxième épouse de leur(s) mari(s), Mariama Bâ pointe du doigt une situation que connaissent beaucoup de ménages sénégalais : la polygamie.

Ramatoulaye l'endure, malgré l'humiliation. Quant à Aïssatou, elle ne la cautionne pas et part, emmenant ses enfants. En mettant dos à dos ces deux femmes, qui ont chacune une idée bien précise de la polygamie, Mariama Bâ met à nu, dans son roman, la dichotomie entre les recommandations faites par la religion musulmane et les *« dérives »* faites par certains hommes qui imposent à leurs premières épouses, jugées vieillissantes, l'arrivée d'une autre femme.

Ce roman la propulse au-devant de la scène. Car au-delà des frontières du Sénégal, beaucoup de femmes se retrouvent dans la correspondance des deux amies, vivent ou ont vécu les mêmes situations.

Bien malgré elle, Mariama Bâ endosse le rôle de porte-voix. Dans une société où rester dans son mariage en dépit des obstacles est perçu comme un acte de bravoure, elle soutient le contraire. Il n'y a rien d'héroïque dans l'humiliation, semble-t-elle vouloir dire. Les codes sont changés. Son deuxième roman, *Un chant écarlate*, publié après que le cancer l'ait foudroyée, explore d'autres horizons, mais avec toujours la femme au cœur du récit.[1]

Ousmane Guèye est jeune Dakarois qui est né et a grandi à Niary Tally, quartier de la banlieue, de parents de condition fort modeste. Lesdits parents, Djibril Guèye et Yaye Khady, bien que pauvres, sont fort dignes, et placent en leur progéniture, notamment Ousmane leur aîné, tous leurs espoirs. Djibril Guèye, revenu de la guerre, en a rapporté une jambe infirme, mais aussi des médailles qu'il ressort fièrement à la première occasion. Son épouse, Yaye Khady, de vingt ans sa cadette, est une femme

---

[1] *Selon une enquête de l'Institut de la Statistique et de la Démographie datant de 2002, un quart des mariages au Sénégal sont polygames (24,60 %).*
La sourate IV – Verset III du Coran dit ceci : « si vous craignez d'être injustes pour les orphelins, épousez des femmes qui vous plaisent. Ayez–en deux, trois ou quatre, une seule ou bien des esclaves de peur d'être injustes ».

débrouillarde, toujours prompte à aider son prochain, surtout ses voisines qui profitaient largement de sa générosité, vive, qui n'a pas sa langue dans sa poche et dit haut et fort ce qu'elle pense.

Son Ousmane est l'amour de sa vie et elle veille comme une mère poule sur lui, car il a toujours placé ses désirs ainsi que ceux de son père avant les siens. Sa bourse scolaire est accueillie avec soulagement, car elle contribuera à alléger les difficultés de subsistance de la famille Guèye. Le baccalauréat en poche, il refusera la proposition d'aller poursuivre ses études en France, préférant s'inscrire à l'Université de Dakar. Bénéficiant d'une aide mensuelle plus conséquente, il sera le soutien de ses parents et ceux-ci s'en trouveront fort contents, bénissant le Ciel d'avoir un tel fils !

Dans la vie bien rangée de Ousmane, l'amour n'aura presque pas sa place. Après avoir essuyé le refus glacial de Ouleymatou, la sœur de son ami et frère Ousseynou Ngom, qui le trouvait trop fade et pas amusant pour un sou, il fermera délibérément son cœur.

Mais les voies du destin sont impénétrables…

Sa rencontre avec Mireille sera le catalyseur qui changera sa vie à jamais. Jeune fille belle, gracieuse, blonde comme les blés, aux yeux bleus aussi candides qu'insondables, elle tombera elle aussi sous le charme de ce grand et beau jeune homme. Leur amour commencera et se heurtera très vite au refus de M. de la Vallée, père de Mireille, et non moins ambassadeur de la France en terre sénégalaise. Il tolérait de travailler avec les Nègres, en ces temps de fraîche indépendance et de relations nouvellement changées, mais il ne pouvait accepter d'aller au-delà et accepter d'avoir *« ça* [2]*»* comme gendre. Se heurtant au refus de Mireille, il emploiera les grands moyens :

---

[2] Un homme noir

rapatriement de Mireille, pensant que l'éloignement fera son effet.

L'adage *« Loin des yeux, loin du cœur »* ne s'appliquera pas aux deux jeunes tourtereaux. Car la distance ne fera que raffermir leurs sentiments. Ousmane, à travers la photographie encadrée qui trônait sur son bureau, ne sortira jamais sa belle blonde de ses songes. Yaye Khady, ignorant tout du drame qui se jouait, le taquinera jour après jour sur sa *« mystérieuse actrice »* qu'il vénérait. Lettre après lettre, Mireille réaffirmera ses sentiments à Ousmane et fit le serment d'attendre, le temps qu'il faudrait.

Ayant été promu au rang de professeur, Ousmane, à travers sa nouvelle catégorie socioprofessionnelle, en profitera pour installer ses parents dans le cossu quartier de Gibraltar et mettra ainsi un frein à leurs difficultés de subsistance. Ayant mis assez d'argent de côté, il fera part à ses parents de son désir de *« découvrir »* Paris. Voyage qui n'avait de causes que son mariage avec Mireille, tel qu'ils se l'étaient promis. Mariage scellé dans une mairie de Paris, sans oublier le volet religieux, car Mireille ayant accepté de se convertir à l'Islam.

C'est dire que rien n'avait été laissé au hasard.

Mireille informera ses parents, dans une lettre sèche, de son mariage avec *« ça »* et de son installation au Sénégal. Le doute n'était plus permis : elle laissait derrière elle parents, pays, conventions d'une autre époque, pour l'amour et le grand saut vers l'inconnu. Les parents de Ousmane, avertis eux aussi par voie postale avant le retour de leur fils au Sénégal, seront consternés. Djibril Guèye, mettra tout sur le compte de la loi divine et du destin. Yaye Khady, moins docile, en voudra à son Oussou de lui imposer cette *tubaab,* aucunement au fait de la tradition sénégalaise, belle-fille qui ne lui sera d'aucune utilité, ne la délestera pas des travaux ménagers, ne la couvrira pas de cadeaux et ne mettra pas son rôle de belle-mère en valeur.

À partir de ce moment-là, elle mènera la vie dure à Mireille et ruminera sa vengeance en silence.

Dès son arrivée, Mireille se heurtera à des difficultés, qu'elle a jadis jugées surmontables par la seule force des sentiments qu'elle éprouvait à l'égard de Ousmane.

Elle ne sait plus à quel saint se vouer entre sa belle-mère acariâtre qui ne se gênait aucunement pour lui rappeler à chaque occasion son ignorance des us et coutumes sénégalais, la maladresse dont elle faisait preuve à travers les efforts qu'elle déployait sans cesse, les copains de son mari qui ne manquaient jamais une occasion de se vautrer dans son canapé et abusaient grandement de son hospitalité.

Mais si ce n'était que cela ! Mireille a toutes les peines du monde à reconnaître Ousmane, ce Ousmane qu'elle aime tant ! On dirait que, transposé dans son milieu naturel, il s'est métamorphosé en une autre personne. Un rien l'agace : l'ordre que fait régner sa femme dans leur logis, l'ordonnancement des choses auquel elle tient, et qui transparaît même dans leurs repas : fourchettes, couteaux et cuillères ornent la table, son manque de patience face à ses amis l'agacent et le détachent peu à peu de sa belle blonde.

Au cours d'une des visites de Ousmane à Niary Tally, Ousmane tombe sur Ouleymatou, sœur de Ousseynou, qui l'avait naguère rejeté. Les choses ont bien changé : la réussite sociale de Ousmane fait bien des envieux, beaucoup de mères rêveraient de l'avoir comme gendre… Ouleymatou, voyant ce changement et se rendant compte à quel point Ousmane avait changé, mettra tout en œuvre pour l'avoir.

Les choses s'enchaînent très vite : grossesse, mariage en catimini, baptême en grande pompe où Yaye Khady eut enfin le loisir de rayonner et de rehausser son rang, rien n'est de trop !

Pendant ce temps, Mireille se morfond dans la solitude, accrochée à Gorgui, son fils, ce *niouloul xessoul* et déploie des efforts surhumains pour retenir Ousmane, mais rien n'y fait.

Car celui-ci, grisé par l'odeur de l'encens, par les formes appétissantes de Ouleymatou et son hospitalité si chaleureuse, mais aussi - fait non négligeable - par le fait qu'il *« commandait »* dans cette maison et qu'on ne lui disait pas quoi faire, oublie peu à peu Mireille. Malgré les avertissements, il pensera que Mireille ne saura jamais rien de cette double vie qu'il menait. Jusqu'à ce que l'irréparable se produise : devenue folle par la force du chagrin, elle tuera son fils, et tentera d'en faire de même avec Ousmane.

Mariama Bâ a écrit un roman poignant, tant par la force et la prégnance des thèmes exploités, mais aussi par l'avance sur son temps dont ce livre a fait preuve. Car dans le Sénégal - mais surtout le Dakar - fraîchement sorti de la colonisation, et encore fortement ancré dans la tradition, oser dénoncer les injustices d'une façon aussi objective est juste admirable !

Elle aborde la complexité de l'amour sous un angle assez intéressant pour mériter que l'on s'y attarde. À travers le couple formé par Ousmane et Mireille, elle met en lumière cette femme qui, grisée par l'amour, n'hésitera pas à tout envoyer promener pour suivre Ousmane dans son pays. Sans se douter que les différences culturelles et idéologiques auront raison sur les promesses qu'ils s'étaient faites. Ousmane, quant à lui, titillé entre sa modernité et son envie de ne point renier son milieu d'origine, choisira celui-ci. Sous couvert de lâcheté, il n'hésitera pas à oublier tout ce qu'il s'était promis de ne pas faire et enverra valser tout ce en quoi il croyait.

Édifiant sur les rapports hommes-femmes et le fait que l'on ne peut véritablement rien prévoir à l'avance quand il s'agit de sentiments amoureux.

Ouleymatou, qui naguère, avait refusé les avances de Ousmane, car ne le trouvant pas assez à son goût, change d'avis quand celui-ci a *« réussi »*. Ce revirement est dû en grande partie à une Yaye Khady qui tient à être honorée socialement et à recevoir ses attributs de belle-mère ; mais qui a devant elle Mireille, la Blanche qui a tout bravé par amour pour s'unir à ce Nègre.

Les injustices sociales, les pressions exercées sur les femmes au nom de l'ascenseur social, sont autant de pistes que nous fait explorer Mariama Bâ dans ce livre, au nom d'une cause qui lui importe : celle de la femme et de son devenir.

La critique n'est pas tendre avec elle, car fustiger des pratiques culturelles et cultuelles n'ayant aucun rapport avec l'islam fit grincer des dents. Le patriarcat, doublé à la volonté des hommes de tenir les femmes loin des périmètres de réflexion, faisait que les romans de Mariama Bâ, en sus d'inciter à pousser à la réflexion des deux bords, dessinait les contours inédits de la femme africaine nouvelle. Les mœurs se perpétuaient, sans aucune remise en question. Quiconque tentait de bousculer l'ordre préétabli sera vu comme un agitateur.

Ancrée dans la tradition à travers l'éducation qu'elle avait reçue, Mariama Bâ sera aussi tournée vers la modernité, et tentera vaille que vaille de puiser les supports utiles des deux bords.

En sus de ses activités d'écrivaine, Mariama Bâ, dans son entreprise de promotion de la femme, se tourne vers l'action militante. L'année 1968, année durant laquelle des mouvements sociaux prolifèrent de par le monde, marque son entrée de plain-pied dans le militantisme féminin.

Comme grisée par les révoltes étudiantes consacrant une nouvelle ère, elle s'engage à corps perdu dans la promotion de la femme. Rurale, citadine, elles sont toutes ses cibles.

Membre du Club Soroptimiste, club fondé en 1921 et ayant à cœur de transformer positivement la vie des femmes, des filles et des enfants par des actions et des partenariats internationaux, Mariama Bâ devint la Secrétaire générale de la section sénégalaise et sillonne le Sénégal des profondeurs, de même que plusieurs pays africains.

Écrivaine, militante et féministe. Ces trois casquettes se superposeront sur la tête de Mariama Bâ. Son ancienne école, l'École Normale des Jeunes Filles dirigée par Madame Germaine Legoff, de même que son adhésion au Club de Dakar et au Club Femina, d'autres associations de solidarité féminine, lui permettront aussi de faire entendre sa voix.

Aujourd'hui, 37 ans après sa mort, l'on ne peut parler de féminisme en Afrique sans parler de Mariama Bâ. Même si ses thèses n'ont pris aucune ride et sont plus que jamais actuelles, elles sont plus à juger sous le sceau de la promotion féminine que du féminisme en tant que tel. Mais l'histoire s'acharne - en raison de son statut de pionnière - à la considérer comme une féministe.

Malgré ce combat pour les femmes qu'elle menait sans relâche, elle tenait à aussi mener de front sa vie de femme. Malgré ses trois unions, toutes soldées par des séparations, elle tient à son statut de femme au foyer et de mère, comme pour (nous) montrer que l'un n'empêche pas l'autre. Et c'est en cela que la posture de Mariama Bâ est intéressante. Refusant de ployer sous le joug quelquefois injuste imposé par *l'homo senegalensis* à la femme, elle se libère et tient toujours à garder la tête hors de l'eau, nonobstant les remarques acides. Éduquant ses enfants (en majorité des filles), elle se battait en même temps pour participer à la nouvelle direction que prenait la pensée féministe.

Les discours qu'elle prononçait, en atteste sa mémorable adresse à l'Assemblée nationale lors de la journée de la femme de mars 1979 sont autant d'exemples patents de l'engagement de la femme de lettres. Ces extraits sont édifiants quant à l'état d'esprit qui animait la femme de lettres à cette époque :

> *« Mais comme disait l'autre, il nous appartenait de faire d'une porte un portail. Pour cette œuvre de démolition constructive, des concertations comme la programmation de cette journée que nous vivons ensemble, des efforts synchronisés à tous les niveaux et dans toutes les situations, une autocritique sincère doit exister. N'oublions pas les retours aux sources de la vraie grandeur, non pour nous apitoyer sur le passé révolu, mais pour tirer du parcours déjà effectué des leçons qui aident à parfaire les lendemains.*
>
> *Nous avons foi en l'avènement proche d'une époque sociale où il deviendrait banal de trouver l'homme mijotant des sauces au logis, alors que sa femme abîmera sa fatigue dans la lecture des journaux. »*

Tout comme Simone de Beauvoir des années auparavant, Mariama Bâ centre l'essentiel de son combat dans l'émancipation de la femme certes, mais surtout dans la complémentarité avec l'homme. Ne plus être considérée comme inférieure, mais comme une partenaire.

Son interview dans le magazine *Amina* en 1979 permet de tâter le pouls qui animait la femme de lettres. Cet extrait est édifiant : *« Il y a des manœuvres plus aisées sans hargne, sans rogne, sans grogne. Les associations féminines donnent les mêmes moyens d'épanouissement que les partis politiques. La promotion de la femme et de l'enfant est souvent le mobile de leurs actions, même des femmes politiciennes ».*

Le féminisme au XXIe siècle : Chimamanda Ngozi Adichie et le *Happy Feminism*

J'ai découvert Chimamanda Ngozi Adichie en 2013, quand par le plus grand des hasards, je cherchais un livre à lire dans ma librairie habituelle.

Le Nigeria est un de mes pays de prédilection, quand il s'agit de la littérature. Avec toute la subjectivité dont la lectrice que je suis est emplie, je trouve que les auteurs nigérians ont une façon bien à eux de (ra)conter des histoires ; les thématiques sont savamment abordées, mêlant africanité et modernité, dans un anglais mâtiné de *pidgin,* l'argot local. Ken Saro-Wiwa, Chinua Achebe, Sefi Atta, et plus récemment Chigozie Obioma, Leye Adenle, Lola Shoneyin et Chibundu Onuzo, sont autant d'hommes et de femmes de lettres dont la plume est savoureuse.

J'achetais son second livre ce jour-là, un recueil de nouvelles intitulé *Autour de ton cou* (Gallimard, 2009). Toutes les nouvelles constituant l'ouvrage ont en commun de traiter de la société nigériane. À la manière d'une sociologue, Chimamanda aborde, avec acuité, différents sujets touchant ses compatriotes. La condition de l'immigré nigérian qui voyage majoritairement pour s'établir aux États-Unis est présente dans ses préoccupations d'auteure ; car ayant quitté le Nigeria à 19 ans pour vivre en Amérique, il y a un zeste d'elle dans ses écrits.

Elle puise donc dans son vécu d'exilée pour conter le climat sociopolitique délétère qui prévalait au Nigeria. Avec des nouvelles comme *Cellule Un* ou *Une expérience unique*, l'arbitraire et les choix politiques hasardeux menant au chaos étaient mis à nu.

La nouvelle qui a donné son nom au livre - *Autour de ton cou* - montre l'attente dont fait preuve la famille de l'immigré ; et comment pour les filles restées au pays, cela représente une promotion sociale que de se marier avec l'un d'eux… La machine Chimamanda était lancée. Le visionnage d'une de ses conférences - TED Talk - portant sur le danger d'une histoire unique *(The danger of a single story, ndlr),* acheva de me convaincre que cette femme (de lettres) avait des choses à dire.

En considérant l'humain dans sa globalité, elle nous pousse à combattre les clichés et surtout à avoir un autre regard sur l'Afrique qui souffre de la dictature de la pensée unique. J'ai à partir de ce moment, décidé de lire toute sa bibliographie.

Le deuxième de ses livres que j'ai lus, *L'hibiscus pourpre,* nous emmène encore au Nigeria et aborde un thème qui touche nombre de sociétés africaines : le fanatisme religieux. Kambili et Jaja, deux adolescents subissent chaque jour humiliations et vexations de la part de leur père qui est vu comme un notable dans la ville, car c'est un dirigeant d'entreprise, très généreux pour sa communauté.

Encore une fois, Chimamanda brosse un tableau fort réaliste de la société nigériane dans sa diversité, ses inégalités et les difficultés auxquelles une partie de la population est confrontée : délestages, pénuries d'essence, dans un pays où le pétrole coule à flots…

L'autre moitié du soleil, un autre de ses romans, change de contexte, tout en restant au Nigeria. Nous sommes dans les années 1960, la guerre du Biafra et le sécessionnisme grondaient, les Haoussas asseyaient leur domination et persécutaient les Ibos en les tuant sans ménagement. Ce livre violent nous plonge dans l'horreur d'un conflit pas assez médiatisé et quelque peu *« oublié »* : la guerre du Biafra.

Cette guerre civile, ayant duré de 1967 à 1970, installera le chaos au Nigeria. Et jusqu'à sa réintégration au reste du pays, la région du Biafra continuera de vouloir être un territoire à part…

Americanah, son dernier roman publié à ce jour, nous met sur les traces d'Ifemelu, Nigériane qui prend la décision de rentrer s'installer à Lagos, après quinze années passées en Amérique. Ce qui la motive ? Le désir de renouer avec ses racines, d'arrêter de justifier son statut de « Noire », mais surtout l'envie de retrouver son premier amour, Obinze. Durant ces quinze années d'exil, le brouillard opaque qui entourait son existence la pousse à se poser des questions existentielles et à retourner au bercail.

A part son activité d'auteure, Chimamanda est une *« bonne cliente »* des médias. Avec une verve et un bagout à nulle autre pareille, elle donne souvent des conférences, ou des interviews écrites ou télévisées, où c'est toujours un plaisir de la lire et de l'écouter. C'est par ce biais que j'ai eu à l'écouter lors de son passage à Paris à la Maison de la Poésie en janvier 2014. En pleine tournée promotionnelle pour la traduction française de *Americanah,* son dernier roman, paru chez Gallimard.

Profitant de cette tournée promotionnelle, elle fit une annonce qui capta mon attention. La parution sous forme de petit livret d'un autre de ses Ted Talk - *We should all be feminists* - qu'elle a prononcé en 2013. La traduction française s'intitulait *Nous sommes tous des féministes*. Avant même de prendre connaissance de l'ouvrage, j'adhérais à une de ses expressions : *le happy feminism,* dont nous débattîmes avec elle lors de sa venue à Paris. Quand elle va au Nigeria, et parle des conditions de la femme, on lui répond qu'elle lit trop de romans européens et qu'elle est trop émancipée, et surtout que les féministes sont des femmes se battant toujours contre quelque chose et/ou quelqu'un.

À partir de ce moment, elle décide de devenir une *happy feminist* bien dans sa peau. Je la cite : *« I have decided that I was a happy feminist who love high heels and like men. »*

Nous sommes tous des féministes (Folio, 2014) est un condensé des propos tenus lors de son Ted Talk, le deuxième du genre. Chimamanda remonte les souvenirs et nous parle d'entrée de jeu de son meilleur ami Okoloma, qui fut le premier à l'avoir traitée de *« féministe. »*

Elle prit très tôt conscience que ce mot n'était pas un compliment, et vu l'expression du visage de son ami quand il la traita de *« féministe »,* ce n'était pas une bonne chose pour une fille. Qu'est-ce qui lui valut d'être traitée de féministe ? Poser des arguments égaux à ceux de son ami et étaler ses connaissances… Elle se rendit compte de cette connotation péjorative à ce moment, non sans avoir cherché la signification du mot dans le dictionnaire.

Des années plus tard, lors de la publication de *L'hibiscus pourpre*, et la lecture d'un des passages où le père de Kambili et Jaja bat leur mère, un journaliste nigérian fit la remarque à Chimamanda d'arrêter d'écrire ce genre de choses et de présenter les féministes comme des femmes malheureuses. Ce qui leur vaudrait d'être célibataires *ad vitam aeternam,* car aucun homme ne prendrait le risque de s'unir à elles ! Dans son pays d'origine, le Nigeria, Chimamanda vit à travers plusieurs situations la discrimination qui subsiste entre filles et garçons. Ceux-ci détiennent le pouvoir, et à partir du moment où une femme souhaite inverser cette situation et s'imposer, elle est vue comme une créature bizarre venant d'une autre planète.

Avant de se décrire comme étant une *happy feminist,* Chimamanda a vécu plusieurs situations sexistes à Lagos, l'une des plus grandes métropoles d'Afrique, avec 20 millions d'habitants. Après s'être vue dire que *« l'on ne comprend pas toujours ce qu'elle veut dire quand elle affirme que les choses sont différentes et plus pénibles pour les femmes. Tout va bien »,* elle se rend compte que le mal est profond là-bas.

Des situations banales comme aller au restaurant avec un homme ou se promener seule dans certains lieux branchés de Lagos peut être perçu différemment quand on est une femme. Lorsque l'on sort avec un homme, on s'attend toujours à ce qu'il fasse tout pour la femme (comme par exemple payer l'addition ou encore donner un pourboire). *« Avoir conscience d'une chose, ce n'est pas pareil que la ressentir. »*

Quand elle a subi autant de brimades de la part de ses compatriotes masculins - qui ne pensaient pas que c'était une discrimination - elle brûlait d'envie de leur montrer qu'au-delà de sa condition de femme, elle était un être humain avant tout !

De manière générale, à travers les articles qu'elle a écrits et les commentaires sur ses livres - surtout venant des hommes, parfois de quelques femmes - il en ressort toujours qu'une femme ne doit pas être en colère et s'exprimer de la sorte. Le déterminisme du genre est si fort que Chimamanda pense au contraire que cette colère qu'elle ressentait face à certaines exactions sexistes était salvatrice. Car de la colère naîtra l'espoir de lendemains meilleurs pour les femmes nigérianes et africaines.

La femme dans sa globalité est animée par le désir de plaire… Déterminée à se montrer sous son meilleur jour, elle veut plaire et être aimée. Chimamanda le résume ainsi : *« Nous passons un temps fou à apprendre à nos filles à se préoccuper de l'opinion que les garçons ont d'elles. Mais le contraire n'est pas vrai. Nous n'apprenons pas à nos fils à se soucier d'être aimables. Nous passons un temps fou à répéter à nos filles qu'elles ne peuvent pas être en colère, ni agressives ni dures, ce qui est déjà assez grave en soi, sauf que nous prenons le contre-pied et félicitons ou excusons les garçons qui eux, ne s'en privent pas. »*

Tout comme Simone de Beauvoir et Mariama Bâ qui en ont parlé avant elle, Chimamanda pense qu'aujourd'hui plus que jamais, la question du genre est cruciale. En éduquant les garçons de telle sorte que leur virilité soit mise en avant, elle pense qu'on les déshumanise. De l'autre côté, les filles peuvent s'imposer mais pas trop, sous peine de constituer une *« menace »* pour les hommes et de finir seules. Ou quand elles sont en couple, on leur apprend à abandonner les sources de différends pour la paix du ménage.

D'après Chimamanda, les différences biologiques sont visibles entre hommes et femmes, mais c'est la société qui les accentue. Et les femmes pour ne pas être vues comme différentes, acceptent…

On ne peut pas nier les questions de genre, mais au vu des exagérations qui touchent les femmes, Chimamanda fait le pari d'embrasser sa féminité, de discuter de sujets la passionnant, sans pour autant ployer face à certaines conventions sociétales.

Car comme elle le dit éloquemment, *« la culture ne crée pas les gens, mais les gens créent la culture » ;* pour finir par se revendiquer une *happy feminist.* Car l'histoire du féminisme et les luttes y attenantes ont solidement contribué à peindre la féministe comme une femme enragée et… triste !

VOUS AVEZ DIT FÉMINISTE ?

Au terme de cet ouvrage, j'aimerais faire la synthèse des lignes qui ont été écrites antérieurement. En convoquant les écrits de quatre femmes de lettres que sont Simone de Beauvoir, Awa Thiam, Chimamanda Ngozi Adichie et Mariama Bâ, j'ai voulu un peu comparer et faire l'état des lieux du mouvement féministe. Où en est-on concrètement aujourd'hui sur la question du féminisme ? Le choix des quatre femmes précitées pour appuyer les propos que j'aurais à tenir dans *Vous avez dit féministe ?* n'est pas fortuit, car j'ai puisé dans chacune des thèses qu'elles ont eu à défendre pour aboutir à une conclusion.

Simone de Beauvoir, avec son ouvrage phare *le Deuxième Sexe* (Gallimard, 1949) même si on lui reconnaît le statut de pionnière sur le sujet, dans une France encore frileuse à parler des droits des femmes, osera hausser le ton. Avec des thèses que je trouve un tantinet extrêmes, comme sa position sur la maternité - *l'amour maternel n'a rien de naturel, ndlr* - l'on devine dans ses écrits le désir d'une femme de s'affranchir des codes parfois oppressants d'une société française peu encline à l'émancipation des femmes. Il est de ce fait normal que quiconque souhaite travailler sur le sujet du féminisme s'intéresse de prime abord aux écrits de Simone de Beauvoir.

Chimamanda Adichie vient apporter une dose de fraîcheur à ce sujet. En partant du postulat que l'on pouvait être féministe, militer pour que les droits des femmes soient mieux pris en considération, surtout dans une société nigériane où le patriarcat a droit de cité. Mais ce que j'ai le plus aimé dans son approche et qui a motivé mon choix de l'intégrer dans cet ouvrage, c'est le fait qu'elle s'inscrive dans une logique de continuité et d'évolution du débat. Son discours, axé autour du duo *féministe, mais aussi féminine,* a achevé de me séduire.

Quant à Awa Thiam, dans un contexte africain, où les femmes intellectuelles s'éveillaient et combattaient pour faire entendre leurs voix, elle la leur donne justement avec *La parole aux négresses*. Sur des sujets aussi larges que la clitoridectomie, l'infibulation, les mariages forcés, la polygamie, *La parole aux négresses* se veut didactique.

Enfin, ce choix de femmes pour appuyer mes thèses, se clôt avec Mariama Bâ. Romancière, fine observatrice de la société sénégalaise, connaisseuse de son environnement et de certains de ses travers, elle effectuera une radioscopie dans ses deux œuvres majeures, *Une si longue lettre* et *Un chant écarlate.* Au-delà de son rôle de romancière, ses actions dans les regroupements et associations féminines, de même que ses nombreuses allocutions posèrent les jalons d'une pensée féminine ancrée dans la modernité et au fait des combats à mener. C'est l'une des raisons pour lesquelles, trente-sept ans après sa disparition, sa pensée est toujours d'actualité.

En écrivant ce livre, j'ai lu quantité d'ouvrages se rapportant au thème du féminisme, visionné des vidéos et parcouru des articles (*Cf. Bibliographie* p.103-104). Au moyen d'internet, qui est une source inestimable d'informations. En atteste cet article sur lequel je suis tombée dans le cadre de mes recherches pour *Vous avez dit féministe ?* L'article disait en substance que les Femen, ce mouvement créé en Avril 2008 par les Ukrainiennes Anna Hutsol, Oksana Chatchko et Alexandra Chevtchenko, et comptant quantité de démembrements à travers l'Europe, *« étaient difficiles à comprendre, car on les voyait tantôt poitrine au vent, dans les églises (notamment en France), parfois devant une centrale nucléaire, ou encore à une conférence du Front national, parti d'extrême droite française. »* La journaliste auteure de l'article continuait en se posant la question de savoir comment il fallait comprendre les Femen et hésitait entre ces définitions : militantes antiracistes, activistes écologiques, ou féministes curés.

L'exemple du mouvement des Femen est un exemple parmi tant d'autres pour montrer à quel point le féminisme est travesti et que ce n'est pas le terme le plus fédérateur qui puisse exister. Si même les femmes - qui sont les premières impactées - s'y perdent, qu'en est-il des hommes ? À l'entame de ce livre, dans l'Avant-propos, j'expliquais succinctement les raisons m'ayant poussée à me lancer dans sa rédaction. Une discussion un peu houleuse, un trop-plein d'arguments et une voix grimpant dans les aigus, et on est une féministe ! Dans une époque où compartimenter les individus est une activité fort en vogue, j'ai l'impression que nous assistons à un duel *Féministes* VS *Le reste du monde.*

Pour en revenir à la dualité hommes/femmes, le Coran, dans le verset I de la sourate IV intitulée *An-Nisa (Les femmes),* considère que l'homme et la femme sont nés du même *nafs,* à savoir le même souffle vital. En atteste cet éloquent extrait : *« Ô gens ! Craignez votre Seigneur qui vous a créés à partir d'un seul et même souffle vital. Il lui en créa sa propre épouse et Il dissémina à partir d'eux des hommes et des femmes et craignez Dieu au nom de qui vous vous implorez les uns les autres, ainsi que les matrices car Dieu vous observe en permanence. »*

Entendons-nous bien : loin de moi l'idée de me mettre dans une logique de prôner l'égalité homme / femme de manière utopique et de la réclamer à hue et à dia. Mais ne pourrions-nous pas réfléchir à partir de la notion d'individus avant toute chose ?

Lors de sa désormais célèbre conférence à Niamey, au Niger en 1984, Cheikh Anta Diop ne disait-il pas : *« A formation égale, la vérité triomphe » ?* Je serais tentée d'extrapoler un peu, et de dire qu'à cerveau égal, la vérité triomphe. Aujourd'hui, les femmes ont plus que montré leur aptitude à triompher intellectuellement, en occupant de hautes fonctions, et ce partout en Afrique. Avec un indice de scolarisation allant de 89 pour les filles contre 100 pour les garçons, il est vrai que des avancées restent à faire.

Dans la société sénégalaise, dès la naissance, la dichotomie s'opère. La petite fille, dès le bas-âge, est conditionnée à être une parfaite maîtresse de maison, maîtrisant sur le bout des doigts, l'ensemble des tâches ménagères, alors que son camarade masculin, lui, on lui apprendra à se tenir éloigné de toutes ces considérations, occupé qu'il sera à cultiver sa masculinité et inhaler les bases de son rôle de futur chef de famille.

Le sexe dit *« faible »* se préparera donc à être soumis, aux pieds de son époux, préoccupé à gérer son bien-être sous toutes les formes. La petite fille devenue grande, assimilera les bases de la séduction à la sénégalaise, ce qui est communément appelé l'art d'être *« jongué »* sous nos tropiques. Tout ceci n'est pas mal en soi, mais je pars du principe que dans une quelconque relation, la réciprocité est à cultiver, et toutes ces situations seront au désavantage des femmes, qui s'enfonceront dans une spirale sans fond.

Je suis pour la culture de la féminité, cela va sans dire, car rien de plus gratifiant qu'une femme consciente de ses atours et sachant en user, mais nous valons plus que cela quand même !

Beaucoup de femmes, qu'elles aient mon âge ou pas, se réclament féministes à tort et à travers. Le débat est faussé à mon sens, car se dire féministe, équivaut à renforcer encore plus la stigmatisation du genre féminin. Il faudrait s'atteler à une entreprise de déconstruction, en abandonnant toute forme d'affaiblissement. Soyons des femmes, conscientes de notre féminité, mais refusons aussi que l'on nous réduise à cette seule identité. Soyons avant toute chose des individus et cheminons côte à côte en toute complémentarité avec les autres individus créés par le Seigneur… En d'autres termes, les hommes !

Maître Abdoulaye Wade, Président de la République du Sénégal de 2000 à 2012, avait instauré une loi dite de la *parité,* promulguée en 2010. Cette loi avait été votée pour lutter contre les disparités dans le domaine de la représentativité dans les institutions, de même que l'égalité par rapport au traitement salarial entre hommes et femmes. Le dernier point me semblait pertinent, car si une femme effectue des tâches supérieures ou égales à celles qu'effectue un homme, la revalorisation de son salaire sera de mise.

Mais au nom de la parité, nommer une femme à de hautes fonctions, juste parce qu'elle est… une femme, fausse tout le débat et dessert la cause féminine.

Beaucoup d'ONG ont instauré une série de programmes axés autour du *woman empowerment* sous couvert de la thématique du *genre*, ceci afin de permettre aux femmes d'être plus *« fortes »* en substance. Le débat est faussé selon moi, car il ne faut pas que nous nous placions sur un ring, prêtes à en découdre avec les hommes.

Ma mère, la soixantaine bien tassée, me dit souvent que quelle que puisse être la cause que l'on défend, *« tout est une question de contexte. »* Ce même contexte socio-économique et même culturel, qui avait poussé des femmes telles que Marie Angélique Savané, Ndioro Ndiaye, Fatou Sow Sarr, Penda Mbow, pour ne citer qu'elles, à se positionner en avant-garde des combats des femmes ; ce qui fait qu'aujourd'hui, elles sont considérées comme étant les grandes figures du féminisme au Sénégal. De la même génération que ma mère, ces brillantes femmes-chercheuse, professeure, historienne - se battirent à une époque où aller à l'école relevait de l'exploit pour le peu d'entre elles qui ont eu la chance (ou la malchance comme pensaient certains parents) d'être instruites, ont fait en sorte que toutes les femmes suivantes bénéficient de ce privilège.

Les associations féminines fleurissaient, la parole était plus libre et une nouvelle manière de penser naissait. Le patriarcat ayant pris le dessus sur le matriarcat, le combat changeait de nature. *Yeewu Yeewi,* l'un des premiers mouvements féministes du Sénégal - sinon le premier - a beaucoup contribué à la conscientisation et la libération des femmes. Comme en écho aux écrits et à l'engagement sans faille de leur aînée Mariama Bâ, *Yeewu Yeewi,* sous la houlette de Marie Angélique Savané, s'attellera à la création d'un nouveau paradigme.

Aujourd'hui plus que jamais, qu'a-t-on fait du combat mené par la première vague de féministes sénégalaises ? Quel héritage nous ont-elles laissé ? Au-delà de la conversation qui m'a donné envie d'écrire ce livre, il me semble important de nous appuyer sur le parcours de ces femmes de valeur pour prendre nos marques dans la société.

Il est vrai que nous ne sommes plus à l'époque du maintien des filles à l'école, bien que des avancées sont encore à faire (taux de scolarisation des filles). De plus en plus de femmes de ma génération ont fait des études, parcourent le monde et s'intéressent à quantité de sujets ; en somme, s'accomplissent personnellement. Donc, il nous faut changer de paradigme et sortir de tous ces procédés affaiblissants pour les femmes.

De plus, j'ai remarqué un net désintéressement en ce qui concerne les luttes des femmes. Il est vrai qu'il y a une poignée de femmes de ma génération portant les combats de nos aînées, mais force est de reconnaître que ceux-ci ne sont plus une priorité… Une continuité aurait dû être établie, de sorte qu'à l'heure actuelle, l'on s'approprie les luttes de nos illustres aînées, de sorte que jamais au plus grand jamais, la flamme du féminisme ne s'éteigne !

Les hommes aussi devraient être inclus dans cette perpétuation des enjeux du féminisme, car c'est souvent pour leur plaire et veiller à leur bien-être que certaines femmes s'éloignent des préoccupations féministes, croyant à tort que les deux ne peuvent aller de pair. Le négativisme entourant le terme féminisme est à leur imputer, car en traitant les femmes parlant de féminisme de belliqueuses et d'acariâtres, leur combat est nié. Alors qu'aujourd'hui encore, le patriarcat étouffe bien des femmes…

Les enjeux du XXIe siècle autour du féminisme devraient tourner autour d'un changement de paradigme, de façon à ce que chaque fois que le vocable *féminisme* est prononcé, l'on ne détourne pas la tête… Tel devrait être notre combat, nous jeunes femmes de la génération *Y* !

PROPOS SUR LE FÉMINISME CONTEMPORAIN

par Jean-Aimé DIBAKANA,
sociologue et romancier

En petite culotte, le sein nu, le ventre à l'air, le poing levé, le regard en feu, des jeunes femmes dont le corps est peint de slogans antireligieux, *« Pope no more »* (« Plus de pape »), « Crise de foi », *« God is a woman »* (« Dieu est une femme ») poussent des cris stridents en faisant tinter les cloches avec des morceaux de bois. Elles manifestent ainsi leur joie au renoncement du Pape Benoit XVI, le chef de l'Église catholique[3]. La scène ne se déroule ni dans une boîte de nuit ni dans un club privé, mais bien dans un lieu sacré, la Cathédrale Notre Dame de Paris, au milieu de Chrétiens étonnés, surpris dans leur prière ou méditation et de touristes, toujours nombreux dans cet espace. Nous sommes face à une action des Femen, le visage le plus médiatique (et le plus caricatural ?) du féminisme contemporain. Considérées comme faisant partie de la « troisième vague » du féminisme, après la « première vague »[4] et la « deuxième vague »[5], les Femen sont connues

[3] Les féministes considèrent l'Eglise catholique comme l'institution misogyne par excellence.

[4] C'est cette vague qui réussit notamment à reformer les institutions en faveur des femmes et à obtenir le droit à l'éducation, le droit à la propriété, le droit au travail, le droit de vote…

[5] La deuxième vague mit l'accent sur la critique de la construction normative de la féminité et réussit, entre autres, à obtenir le droit à l'avortement, à la contraception. Elle réussit aussi à forger des concepts nouveaux pour rendre compte de la situation des femmes (tel celui de « genre »).

pour leurs actions provocatrices et spectaculaires et pour leur approche transnationale[6].

Pourtant né au XVIIIe siècle, le féminisme en tant que discours sur les rapports sociaux de sexe en faveur de celui dit « faible » interroge encore la structuration et le fonctionnement de nos sociétés. Et ses récentes formes d'expression, telle celle citée plus haut, sont le signe que les objectifs qu'il s'assigne sont loin d'être atteints, quel que soit le lieu de la planète où l'on se trouve. Dès lors l'on peut se poser quelques questions : le féminisme sert-il (encore) à quelque chose ? Les valeurs qu'il défend sont-elles universelles ? Aujourd'hui, ses discours ne desservent-ils pas (parfois) les femmes ?

Le féminisme sert-il (encore) à quelque chose ?

Souvent les idées, les doctrines, les mouvements, naissent d'un *vide*, disons mieux d'une *carence*, d'une *absence*[7]. C'est le cas du féminisme qui est né pour combler l'absence d'un discours, d'une réflexion sur les droits des femmes. Ce moment de foisonnement d'idées, de remise en question de l'ordre ancien que représente le Siècle des lumières lui permet de poser les premières bases : la critique de l'ordre ancien, la critique des inégalités entre Humains rend de facto plus visibles les inégalités entre les hommes et les femmes. D'où un ensemble d'idées et d'actions menées par des femmes pour les combattre. Et, bien que lentes à se concrétiser[8], les victoires sont là,

---

[6] Créés par des Ukrainiennes, les Femen renferment en leur sein des membres de diverses nationalités (notamment européennes). Elles agissent aussi bien en Ukraine, en France, en Russie, en Tunisie… qu'au Canada…

[7] Puisque depuis quelque temps les physiciens tendent à nous démontrer que « le vide n'existe pas ».

[8] Par exemple malgré la *Déclaration des droits de l'homme et du citoyen* adoptée en 1789 et sa version féministe (*Déclaration des*

visibles : le droit à l'éducation, le droit à disposer de leur corps, le droit au travail, etc. Le féminisme a donc bien servi la cause des femmes, il a bien permis l'extension des droits des femmes. Qu'en est-il aujourd'hui ?

Malgré les droits acquis, force est de constater qu'aujourd'hui encore les femmes sont loin d'en bénéficier totalement. De plus, ceux-ci ne concernent pas l'ensemble des femmes. Par exemple, il existe de nombreux pays, de nombreuses sociétés dans lesquels les femmes ne jouissent toujours pas du droit de vote, ne jouissent toujours pas du droit à l'éducation, du droit au travail, du droit à disposer de leur corps, etc. Et même là où ces droits sont acquis, les difficultés pour en bénéficier persistent. Par exemple si les femmes disposent du droit au travail, dans de nombreux pays, à compétences égales, les femmes sont discriminées. Il en est de même pour l'égalité salariale homme - femme qui reste un leurre, y compris dans les sociétés industrielles dites « développées » (c'est le cas de la France). On peut en dire autant du droit à l'avortement : même en Occident, les femmes rencontrent des difficultés pour en jouir et ne cessent de subir le regard réprobateur de la société.

Au-delà du droit obtenu, il n'y a donc pas toujours une jouissance totale de celui-ci par les femmes. Et un droit obtenu peut mettre à nu d'autres problématiques : par exemple, le droit au vote n'a pas résolu la question de la représentativité des femmes dans les instances de gestion de la cité ; le droit au travail n'a pas résolu la question de l'inégalité salariale ou de la discrimination à l'embauche dans certains métiers, le droit à l'éducation n'a pas résolu la question de l'accès des femmes aux études les plus prestigieuses, et qu'en est-il du droit à la contraception pour

---

droits des femmes et de la citoyenne en 1791) qui fut refusée par la Convention, ce n'est qu'en 1944 que les femmes obtinrent le droit de vote en France, soit près de deux siècles plus tard.

des femmes qui ne disposent ni de ressources financières ni de ressources cognitives permettant d'y recourir ? Etc.

Par ailleurs, compte tenu des incontournables mutations sociales, des phénomènes nouveaux touchant les femmes sont apparus. Les questions liées à l'excision étaient certainement inconnues des féministes d'hier, tout comme celles des enfants (filles) soldats, du tourisme sexuel, de la dépigmentation de la peau chez les femmes de peau noire, etc. Autant de questions touchant les femmes (et préoccupant les féministes) qui sont devenues des préoccupations de *tous* dans la plupart des sociétés. Autrement dit : les féministes ne sont plus les seules (fort heureusement) sur « leur » terrain de prédilection, elles ne sont plus les seules à s'intéresser à (et à défendre) la cause des femmes. Dans la majorité des pays, les gouvernants en ont fait leurs préoccupations, ainsi que diverses organisations non gouvernementales.

Il semble néanmoins clair que le féminisme en tant que doctrine préconisant l'extension des droits et du rôle des femmes dans la société reste nécessaire. Il s'agit de consolider les droits acquis et de poursuivre la lutte contre les inégalités inhérentes à l'acquisition même de ces droits : la représentativité dans les instances de décision, les discriminations à l'embauche, l'accès aux meilleures études, etc. Ce travail est, me semble-t-il, facilité par le fait que le discours féministe est aujourd'hui plus audible dans la majorité des sociétés qu'il ne l'était hier, car finalement, malgré d'éventuelles faiblesses, il demeure un discours sur l'égalité et sur la liberté, c'est-à-dire un discours *humaniste*. C'est pourquoi il semble que, pour plus d'efficacité, les féministes devraient s'ouvrir plus aux hommes et être moins culpabilisantes à leur égard dans leurs revendications, ceci afin de ne pas braquer d'éventuels soutiens et partenariats ou simplement pour bénéficier d'un autre regard.

Il reste que les différences entre les sociétés, entre les cultures, y compris au sein d'un même pays, posent la question de l'universalité du discours féministe.

Les valeurs féministes sont-elles universelles ?

Bien qu'ayant également puisé à d'autres sources, le discours féministe est sans conteste un *discours europeanocentré.* Son socle a été construit par des Européennes (souvent) issues de milieux bourgeois qui, naturellement, ont d'abord été intéressées par les problèmes rencontrés par elles dans leur environnement. L'on peut donc se demander si ce discours est « universalisable » ?

Il est incontestable que tout Être humain aspire au bien-être et à la liberté, quel que soit l'endroit du monde où il se trouve. Et le féminisme œuvre pour une meilleure présence des femmes dans la société partout dans le monde. D'où la tentation de penser que les valeurs qu'il véhicule sont universelles.

Évoquons d'abord son lieu d'expression, son terrain de revendication. Il est difficile de ne pas reconnaître que les valeurs féministes ne peuvent s'exprimer que sur des terrains où règne la démocratie, que dans des espaces qui autorisent la liberté de penser et d'agir. On peut difficilement imaginer des femmes s'organisant pour revendiquer des droits à la façon de leurs consœurs européennes en Chine ou en Corée du Nord par exemple…

De la même façon, le féminisme (forcément aussi « activiste », « militante ») suppose une certaine autonomie que permettent notamment des moyens matériels, financiers et bien sûr intellectuels. Est-il possible pour des femmes sans emploi, sans qualification, à la charge totale des hommes de se revendiquer des idées féministes ? C'est le cas de beaucoup de femmes à travers le monde, notamment en Afrique et en Asie…

Ensuite, il paraît évident que les préceptes féministes ne peuvent se prévaloir d'une universalité du fait même qu'ils reposent sur des valeurs essentiellement européennes, sinon occidentales. Or les contextes, les cultures ne sont pas les mêmes selon le lieu où l'on se trouve, y compris dans une même société, un même pays, mais encore moins lorsqu'il s'agit de pays, de continents différents.

Certaines valeurs véhiculées par le féminisme sont incompatibles avec celles valorisées dans certaines cultures. Prenons l'exemple du droit à l'avortement ou du droit à refuser d'être mère. Dans de nombreuses cultures, l'avortement est considéré comme un crime, d'autant que l'enfant à naître serait un ancêtre qui revient parmi les vivants à travers une nouvelle naissance. Autrement dit la femme qui décide d'avorter prend la responsabilité d'interrompre le fil (ou l'un des fils) qui tient le cycle entre les vivants et les morts. Un acte lourd de responsabilités comme on peut l'imaginer. C'est ainsi que dans de nombreuses cultures africaines par exemple, la qualité même d'être « femme » passe par le statut de « mère », au risque d'être exclue, autrement dit : « une femme sans enfant n'en est pas une ». Divers attributs peuvent alors être accolés à celle qui refuse d'avoir des enfants ou qui recoure à l'avortement : « mangeuse d'enfant », « sorcière », « porteuse de fétiche maléfique », etc. Autant d'accusations ou de soupçons qui lui interdiront toute vie sociale. L'on peut facilement rattacher ces réflexions à celles concernant la contraception…

De même le droit au travail n'est envisageable que dans les contextes où existe le *travail salarié*. En zone rurale africaine par exemple, traditionnellement (et cela est encore visible aujourd'hui), il n'existe pas de travail salarié. Et les femmes n'y sont pas du tout des « femmes au foyer », elles participent largement à l'économie, elles possèdent toutes un lopin de terre au moins sur lequel elles pratiquent de l'agriculture, de l'élevage, etc. Autrement dit les termes « femme sans emploi » ou « femme au foyer » ne peuvent pas y être appliqués. Il en est de même pour *le droit à l'éducation.* De quelle *éducation* s'agit-il ? En vérité, l'éducation des filles (des femmes) est présente dans toutes les sociétés, et ce, depuis la nuit des temps, donc bien avant les revendications féministes. En Afrique par exemple, celle-ci se transmet à travers des rites souvent animés par des femmes. Simplement, il ne s'agit pas d'une éducation au sens occidental, c'est-à-dire une éducation scolaire (et diplômante)... Et même si l'on épouse l'idée que l'éducation dont il est question dans le *« droit à l'éducation »* revendiqué par le féminisme est *« l'éducation scolaire »* de type occidental, le problème reste entier. En effet, revendiquer un accès à l'éducation ne signifie pas forcément servir la cause des femmes ; tout dépend du *contenu* de cette éducation. L'on peut aussi renforcer l'*« infériorité »* des femmes à travers certains types d'enseignements...

Et que dire de la répartition équitable des tâches domestiques dans des sociétés où la vie commune entre un homme et une femme est assujettie à une preuve de la capacité de la femme à s'occuper d'un foyer, à assumer la totalité des tâches domestiques, une preuve qu'il ne s'agit pas simplement de donner au futur époux mais à sa communauté, à son groupe d'appartenance. La femme émettant une telle revendication s'expose donc au risque de ne pas trouver d'époux[9], d'autant que dans ces sociétés les hommes, les époux n'ont généralement « pas le droit » de s'occuper des tâches domestiques. Or nous venons de le

[9] En écrivant cela, nous sommes conscients que « ne pas trouver d'époux » n'est pas une préoccupation pour les féministes, bien au contraire. Puisque le mariage représente pour elles une autre institution de domination des femmes par les hommes.

voir, l'acquisition pleine du statut de « femme » ici passe par celui de « mère », d'« épouse ».

Et l'on pourrait multiplier les exemples.

Ainsi, au regard des actions menées et des idées défendues par le féminisme, l'on peut se demander si (parfois) il ne dessert pas les femmes au lieu de les servir, y compris dans les zones où les préceptes féministes peuvent être plus en phase avec l'environnement (en Occident par exemple).

Le féminisme ne dessert-il pas les femmes ?

À y regarder de près, il semble bien que certaines idées contenues dans la doctrine féministe desservent les femmes plutôt que de les servir.

Si lutter pour l'extension du droit des femmes est une démarche louable parce qu'*humaniste* tout simplement, les moyens et les théories mis en œuvre restent discutables. Déjà, appuyer cette lutte sur l'ambition de gommer les différences « naturelles » entre les hommes et les femmes, de soutenir que les hommes et les femmes sont identiques, est-elle judicieuse ?

À ce propos il est important de rappeler que les premières féministes[10] n'affirmaient aucunement que les hommes et les femmes fussent identiques. Bien au contraire, elles reconnaissaient les différences naturelles entre les deux sexes, des différences non seulement physiques mais aussi psychologiques. Par conséquent le féminisme originel ne s'opposait pas à une certaine division sexuelle du travail, et notamment au rôle prépondérant des femmes au sein du foyer même s'il militait pour assouplir ce rôle, pour y faire participer l'homme.

---

[10] Olympe de Gouges ou Mary Wollstonecraft par exemple.

C'est avec *Le deuxième sexe* de Simone de Beauvoir que les choses changent. Avec la devenue célèbre phrase « on ne nait pas femme : on le devient », le féminisme change de cap. Désormais il militera pour valider l'idée selon laquelle il n'existe pas « d'essence » féminine, selon laquelle les femmes n'ont pas de caractéristiques psychiques qui les distingueraient des hommes, qu'entre l'homme et la femme, les différences ne sont que « culturelles » (et non pas « naturelles »).

D'ailleurs au sein même du mouvement féministe existent différents courants. Entre le « féminisme libéral égalitaire », le « féminisme marxiste », le « féminisme radical »… chaque courant tente à sa façon d'expliquer la situation des femmes et proposer ses solutions. Cette profusion de courants peut aussi nuire à la cause défendue.

Par ailleurs, il y a certainement une contradiction à soutenir que les femmes sont dominées par les hommes alors qu'au même moment les idées féministes grandissent dans la société, alors que le féminisme ne cesse de remporter des victoires, c'est-à-dire avec l'accord des hommes, avec le concours des hommes (largement majoritaires dans les instances de décision). Ne serait-il pas plus judicieux de privilégier la stratégie de l'*empowerment* à celle de la victimisation ?

S'il existe une différence de pouvoir entre les sexes, ce ne serait pas les femmes qui ont et exercent ce pouvoir ? Y compris là où on le croit le moins. Par exemple, contrairement aux idées reçues, dans la majorité des sociétés africaines par exemple, les hommes ne décident rien qui engage la communauté sans consulter les femmes. Le fait même qu'elles donnent la vie (alors que les hommes en sont incapables) leur confère un pouvoir important.

Plusieurs autres exemples montrent que, au contraire de ce qu'elles croient, les idées féministes pourraient desservir la femme, tout au moins certaines d'entre elles.

Si le droit à l'avortement et à la contraception a favorisé une plus grande accessibilité aux relations sexuelles[11], il semble bien que ce n'est pas la femme qu'il a « libéré » mais bien l'homme. En effet, souvent, bien que la relation sexuelle ait été consommée à deux, c'est à la femme que revient le « coût » de l'avortement, y compris son coût « corporel », « physique », « psychique ». De plus, hier privées de contraception, les femmes obligeaient les hommes à se marier avant de permettre une relation sexuelle. Aujourd'hui grâce à l'avortement et à la contraception, les hommes n'ont plus besoin de s'engager avant de bénéficier des faveurs des femmes. L'une des conséquences visibles en est la baisse des mariages. L'avortement et la contraception fragilisent également le mariage ou le couple car il sécurise les relations sexuelles extra-conjugales... L'une des conséquences des idées féministes est donc la « destruction » du mariage, institution dont il est difficile de ne pas reconnaitre certains bienfaits, la protection des époux et des enfants notamment.

De même, encourager les femmes à l'ambition de la réussite professionnelle au détriment de leur rôle de mère, n'est-ce pas participer au renforcement de cette course effrénée vers le profit, vers l'intérêt personnel, n'est-ce pas encourager à cette « machinisation » du monde tant décriée à laquelle pousse le capitalisme ambiant ? D'ailleurs l'on peut aisément imaginer qui, au sein de la famille, en paye le prix fort *: les enfants* qui n'ont alors aucun des deux parents suffisamment présent pour eux.

De la même façon, face à la culpabilisation dont ils sont l'objet de la part du féminisme, certains hommes peuvent surjouer le rôle d'hommes « sensibles », « compréhensifs », « égalitaires », tandis qu'à l'inverse d'autres pourraient

---

[11] Ce, à tous les âges. Selon de nombreuses études, les filles et garçons perdant leur virginité plus tôt (17 ans environ).

survaloriser la virilité et la surjouer. Dans un cas comme dans l'autre, cela donne des hommes surfaits dont les attitudes au final pourraient renforcer le machisme au lieu de l'atténuer ou de le vaincre.

Enfin, l'on peut également s'interroger sur les revendications du féminisme autres que celles clairement identifiées comme étant liées aux femmes (l'écologie par exemple). En effet, on le voit de plus en plus s'impliquer dans la défense de causes autres que celles concernant les femmes. Est-ce un signe du bien-fondé des questions que nous nous posions sur *l'utilité* du féminisme contemporain ? N'ayant plus grand-chose à faire, il irait militer sur d'autres terrains.

Pour (ne pas) conclure, l'extension du droit des femmes, la lutte pour l'égalité de leurs droits avec ceux des hommes, la lutte pour leur émancipation et leur liberté sont des objectifs vers lesquels toutes les sociétés devraient tendre. Le féminisme en tant qu'ensemble d'idées et d'actions visant l'atteinte de ces objectifs paraît utile. Néanmoins il devrait s'adapter aux évolutions du monde. Dans ses réflexions, il devrait s'ouvrir plus aux valeurs issues des cultures autres qu'occidentales, au risque de devenir désuet sinon contre-productif. À ce propos, les féministes d'ailleurs, par exemple d'Afrique, devraient peut-être refuser le rôle de « porteuses de valises vides » en reprenant béatement le discours dominant en cette matière, c'est-à-dire celui venu d'Occident. Au contraire, elles doivent faire entendre leur voix, insuffler leur singularité, la singularité des cultures africaines à propos du statut des femmes. Car ce qui peut paraître « scandaleux », « infériorisant » pour des êtres dans telles cultures, dans tels contextes, ne l'est peut-être pas dans tels autres et vice versa. Et si l'avenir du féminisme dépendait justement de ces apports venant d'ailleurs, venant des cultures autres qu'occidentales ?

(IN)CERTITUDES

Les lignes qui vont suivre ne sont que pure fiction. Toute ressemblance avec des personnes existantes ou ayant existé est purement fortuite.

Biip ! Biip !

Ce bruit exaspérant que faisait le vélo de Natasha commençait vraiment à me taper sur le système. Sans oublier Michèle, sa jeune sœur, qui venait toquer chaque seconde à ma porte, car elles voulaient qu'on joue ensemble. Merde ! D'habitude, j'étais assez patiente avec ces gosses, mais aujourd'hui plus que jamais, j'étais dans l'un de mes *« mauvais jours »*.

Qu'avais-je fait de ma vie ? Avais-je bien fait d'accepter l'offre de Chantal de venir m'installer au pays ? Elle m'avait généreusement proposé de me payer un billet et de m'héberger chez elle, car je refusais de vivre sous le même toit que mon père et sa nouvelle femme. Allais-je supporter d'avoir tous les jours devant les yeux le portrait de la famille idéale que formaient Chantal et Sébastien, sans oublier leurs deux petites filles ? C'est la question qui m'était en premier venue à l'esprit au moment où, désespérée, j'avais accepté. À ce moment-là, j'avais tôt fait de balayer d'une pichenette les doutes qui m'assaillaient…

À ce moment-là, désargentée et esseulée, Chantal constituait l'unique rempart contre lequel je pouvais m'appuyer…

40 ans. Célibataire sans enfants. Tout cela était beaucoup trop pesant, surtout dans un pays où la femme était définie par rapport à sa situation matrimoniale. Je sentais que c'était quasiment perdu d'avance, car les quolibets et les questions à répétition ne manqueraient pas. Je roulai sur le côté et attrapai mon ultime paquet de chips. Deux ans et demi que j'étais là, deux ans à éviter mon père et sa nouvelle femme, deux ans à servir de baby-sitter occasionnelle à Chantal et son mari, deux ans à essuyer des lettres de refus quand j'envoyais désespérément des CV,

mais aussi deux ans à interrompre des conversations. Conversations qui reprenaient moqueusement derrière mon dos. J'en étais bien évidemment le sujet. L'incertitude me nouait le ventre…

Chantal et son mari étaient sortis en amoureux, et je me coltinais les petites. Mais c'en était trop ! Il me fallait un petit remontant. Je les installai devant l'un de leurs *cartoons* insipides et courrai au supermarché. Une demi-heure et une bouteille de vodka plus tard, je m'affalais à plat ventre sur la banquette déglinguée qui me tenait lieu de lit dans la chambre où je vivotais et buvais à même le goulot ma première lampée du liquide clair qui me brûla la gorge. Quelques minutes suffirent à m'abrutir, mais de mon cerveau embrumé par l'alcool, jaillirent des bribes de souvenirs, souvenirs que j'espérais enfouis tout au fond de moi… Et je me souvins avec une effroyable netteté de ce fameux jour…

Paris, un mois de juillet torride…

Combien de temps avais-je dormi ? Plusieurs heures sans doute, car le soleil qui dardait ses rayons dans la pièce était déjà haut dans le ciel. Dans ma hâte de trouver le sommeil, j'avais omis de fermer les persiennes. Hagarde et échevelée, je me dressais sur mon séant. La sonnerie stridente du téléphone qui gisait à terre, me ramena à la réalité. Ma triste réalité quotidienne… Un coup d'œil sur l'écran me découragea encore plus. Sylvie, ma chère et tendre patronne, m'avait déjà appelée une bonne dizaine de fois, de même que Chantal, ma meilleure amie. Papa aussi m'avait appelée et envoyé quantité de SMS. Le connaissant, il devait être dans tous ses états. Bien que j'aie la trentaine bien sonnée, mon père continuait à se comporter comme si je portais encore des couches-culottes. Mais je ne pouvais pas lui en vouloir : avec la salope qui lui tenait lieu de femme désormais, il manquait cruellement d'affection et reportait tout son amour et toute son attention sur moi, son unique enfant…

Mais en ce matin ensoleillé, je n'avais envie de parler à personne. Le souvenir de ma journée d'hier était encore trop vivace dans ma mémoire. Ma terrible après-midi chez le médecin, de même que ma cuite m'avaient plongée dans un état second. À cet effet, j'avais si mal à la tête - les prémices d'une gueule de bois carabinée - que je regrettais de m'être laissée aller de la sorte. Mais avais-je le choix ? Sans personne vers qui me tourner, je n'avais fait que raviver mes vieux démons…

Toute à mon désespoir, j'avais complètement oublié de prévenir Sylvie que je risquais de ne pas venir travailler au magasin. Quant à papa et Chantal, il m'était carrément sorti de la tête qu'ils m'attendaient sur Skype, chacun pour sa traditionnelle conversation. En l'espace de quelques instants, j'avais tout occulté. Ma visite chez le Docteur Newman m'avait douloureusement fait prendre conscience du tourbillon de malheurs qui était mon quotidien depuis cinq ans maintenant.

Dans un craquement sonore, je quittai ma couche et me mis à la recherche d'un cachet de Tylenol, afin de soulager mon mal de tête. Un comprimé effervescent combiné à une tasse de thé au miel permirent d'atténuer mes céphalées et ma bouche devint un chouya moins pâteuse. Je commençais à y voir un peu plus clair. Je devais m'organiser et voir ce que j'allais faire de ma journée. Avant de faire marche arrière, j'enclenchai la touche appel. Au bout de la première sonnerie, je reconnus la voix rauque et masculine de Sylvie. Sans perdre mon temps en banalités, je lui exposais la situation, ma visite chez le médecin et son diagnostic. Un long silence s'installa au bout de la ligne. J'attendais, le cœur battant… Au moment où je m'y attendais le moins, elle reprit la communication et me signifia sèchement qu'elle avait trouvé une autre vendeuse pour me remplacer, et que je pouvais désormais rester chez moi. Enfonçant le clou, elle me signifia que les quelques jours que j'avais travaillés dans le mois me seraient payés par virement bancaire dans les jours à venir. Avant que j'aie pu placer un mot, le bip du téléphone m'indiqua qu'elle avait raccroché.

C'était tout ?

Après tant d'années passées à me casser le cul dans ce magasin, à bosser plus de 40 heures par semaine sans heures supplémentaires payées et quelques fois week-ends et jours fériés compris, c'est comme ça que cette ingrate de Sylvie me remerciait ? Il est vrai que je l'avais souvent vue à l'œuvre, traitant les gens avec mépris et condescendance, mais je n'avais jamais pensé qu'elle me le ferait à moi aussi !

Ah la nature humaine ! Insaisissable elle est, insaisissable, elle demeurera jusqu'à la fin des temps… Continuant mes appels téléphoniques, je décidai de rassurer Chantal et papa. Mon père, comme à son habitude, se lança dans un concert de geigneries et plaintes sur son âge avancé, sur la solitude qui lui pesait, et sur le fait qu'il désirait m'avoir à ses côtés. Pourquoi diable s'était-il marié alors ? Je ne comprenais pas cet homme… À chaque fois, c'était pareil. Après avoir pris de mes nouvelles durant une nanoseconde, il enchaînait de sa voix plaintive sur ce que sa vie était devenue… Mais aujourd'hui, je n'étais vraiment pas d'humeur. Après l'avoir écouté déblatérer sans le rassurer, je raccrochai et appelai Chantal. À elle, je ne pouvais pas mentir, car elle me connaissait mieux que quiconque. Mais, ce n'était pas le moment de lui parler de quoi que ce soit. Je n'en avais ni l'énergie ni l'envie. Alors qu'elle me demandait ce qui se passait, inquiète et fébrile, je promis de la rappeler très vite.

Ces conversations téléphoniques m'avaient vidée. J'ouvris le minuscule meuble encastré qui me tenait lieu de réfrigérateur et après l'avoir parcouru, je réalisai qu'il ne contenait en tout et pour tout qu'une assiettée de porridge et une pomme qui semblait avoir connu des jours meilleurs. Je rassemblai le peu de forces qui me restait pour faire le plein de chips et de soda, ma nourriture durant la semaine à venir, car je ne comptais pas quitter l'immeuble après cette virée chez l'épicier. Quelques instants plus tard, revenue de mes courses, et après m'être sommairement débarbouillée, je me recouchai.

En l'espace de vingt–quatre heures, j'avais perdu mon travail, après une visite de routine chez mon médecin. J'avais peut-être exagéré en réagissant de la sorte. Beaucoup de personnes souffrent d'affections beaucoup plus graves et combattent pour s'en sortir. Alors je n'avais pas de raisons de me plaindre. Mais je m'imaginais tellement forte et invincible que le diagnostic du Docteur Newman m'avait prise de haut. Le moment que je redoutais et qui m'avait valu de travailler non-stop durant toutes ces années était finalement arrivé. J'en voulais terriblement à Sylvie de m'avoir arraché la seule chose qui m'apportait joie et plénitude depuis toutes ces années : mon travail. Et Dieu savait que j'étais une employée modèle, ne rechignant jamais devant les caprices de toutes sortes des clients.

Car travailler dans un endroit aussi grouillant de monde que les Champs-Élysées où toutes sortes de clients se pressaient, n'était pas de tout repos. De plus, les mocassins de fabrication artisanale que proposait Sylvie étaient fort prisés.

Cinq ans que j'étais là, ouvrant et refermant inlassablement des boîtes en carton marron, passant des commandes, échangeant des pointures, cajolant et rassurant les clients sur leur choix de coloris, pointures, formes… Mais aujourd'hui, tout cela était fini, car cet emploi, qui représentait un rempart contre ma propre vie m'avait été arrachée. À l'image d'un nourrisson trop longtemps retenu dans les bras de sa mère alors qu'il désirait s'ébattre dans le sable, les souvenirs commençaient à affluer. Ironie du sort, alors que le Docteur Newman m'avait recommandé un repos complet, cette journée m'épuisait. Si j'étais dans mon état normal, je me serais jetée sur les petites annonces du *Parisien* et aurais illico presto décroché mon téléphone pour démarcher les employeurs, mais depuis hier, rien n'était normal…

Le liquide tiède qui mouilla mon plaid me fit réaliser que je pleurais. Entre deux coulées de larmes, j'esquissai un pâle sourire. Je me refusais de céder à la moindre émotion que pleurer m'était devenu insupportable… Mais vu que les vannes étaient décidées à s'ouvrir, autant ne pas lutter. *« J'aurais dû acheter une autre bouteille de vodka »,* me dis-je. Mais après ma terrible gueule de bois, en avais-je réellement l'envie ? L'alcool ne résolvait pas tout, je l'avais appris à mes dépens. De plus, dans un sursaut de courage, auquel je me refusais d'habitude, je désirais faire face, quoi qu'il m'en coûte. Faire face à mes démons, faire face à mon existence qui allait à vau-l'eau.

À quelque chose, malheur est bon, dit-on souvent…

Peut-être que le Seigneur m'envoyait un signal de là-haut pour me faire ralentir. Tout avait commencé il y a maintenant vingt et une années. Ma mémoire avait bien sélectionné et compartimenté les séquences de ma vie et me les déroulait, dans une filmographie bien huilée. Je me rappellerais toute ma vie de cette jeune fille au teint clair et aux tresses virevoltantes qui m'était rentrée dedans, alors que stressée et la tête ailleurs, j'étais en route vers le centre d'examens, en ce premier jour des épreuves du Baccalauréat. Alors que je psalmodiais frénétiquement mes *Pater Noster* et *Ave Maria,* j'étais énervée que cette belle inconnue interrompe ma séance de prières. Après avoir bredouillé des excuses, elle me demanda si moi aussi j'allais au centre d'examens, car elle s'y rendait.

J'acquiesçai, tout en la détaillant de pied en cap. Sa robe de cotonnade bien amidonnée et ses chaussures vernies qu'elle posait délicatement l'une après l'autre sur la route de latérite que nous empruntions me renseignèrent sur la santé financière de sa famille… Mais pourquoi diable marchait-elle de si bon matin ? Elle devait bien avoir une voiture assortie d'un chauffeur pour la conduire, non ?

Comme si elle avait lu dans mes pensées, elle entreprit de me raconter son histoire : elle était enfant unique, son père était un général de l'armée française, qui avait épousé une femme de chez nous, ce qui expliquait son teint métissé. La famille se déplaçait au gré des affectations du paternel, ce qui expliquait qu'elle ait échoué dans notre patelin en ce jour d'examen, après une dérogation qui lui avait permis de concourir dans le même centre que moi.

Je ne lui dis rien de ma situation familiale, mais à nous regarder toutes les deux, le contraste était saisissant : elle était aussi élancée que j'étais courte, aussi claire que j'étais foncée, aussi volubile que j'étais taciturne et réfractaire aux contacts extérieurs…

Mais alors que nous étions en route pour aller décrocher le précieux sésame qu'était le Baccalauréat, une solide amitié naquit. De retour ce soir-là, alors que je racontais à ma mère cette première journée, je lui parlai de cette jeune fille - Chantal - dont j'avais fait la connaissance. Nos deux familles ne firent bientôt plus qu'une. En dépit de leur situation financière largement supérieure à la nôtre, les parents de Chantal se révélèrent d'une bonté et d'une humanité exceptionnelles. Ils me prirent sous leur aile et s'occupèrent de toutes les formalités relatives à mon départ pour la France après l'obtention du Bac, en compagnie de leur fille. Logement, inscriptions, bourse d'études, mes parents furent consultés bien entendu, mais ne déboursèrent pas un kopeck. À chaque fois qu'ils se confondaient en remerciements, les parents de ma meilleure amie rétorquaient que j'étais *« leur fille »*.

Et ils me considérèrent toujours comme telle…

De notre premier jour d'études à Telecom Paris Tech, aux stages que nous effectuâmes tour à tour, jamais Chantal ne me montra que si j'étais arrivée là, c'était grâce aux bienfaits de son père. Même lorsqu'il venait dans la capitale française, il veillait à nous traiter le plus équitablement possible. Diplôme d'ingénieur en télécommunications en poche, quinze ans auparavant, j'entrais dans ma 25e année. Le temps de l'insouciance était révolu. Il fallait se mettre à la recherche d'un boulot, et ce n'était pas chose aisée. Chantal eut beau faire jouer les relations de son père, et leur expliquer que j'étais *« presque »* sa fille, aucun d'entre eux n'était disposé à nous embaucher toutes les deux. Il n'y avait qu'une seule place à pourvoir.

D'entretiens en entretiens, elle finit, la mort dans l'âme, par se rendre à l'évidence et accepta l'offre alléchante d'un cabinet de conseil en recherche et développement réputé, où elle resta dix ans. Ce qui entre autres, lui permit d'avoir une assise financière plus stable et de ne plus dépendre de ses parents.

Quant à moi, je baignais dans l'incertitude la plus totale, mais je tenais bon. J'avais eu la chance de faire de brillantes études, donc je ne devais pas baisser les bras. Nous déménageâmes dans un superbe quartier résidentiel, en plein cœur de Paris dans un 3 pièces que Chantal insista pour payer. Je la suivis, n'ayant aucune source de revenus à l'époque.

Le matin, quand elle était en partance pour le bureau, j'ouvrais mon laptop et postulais. Cette recherche d'emploi comportait deux volets : une fois que j'avais postulé à toutes les offres d'ingénierie électronique consultables sur internet, j'arpentais durant l'après-midi les artères de Paris, pile de CV sous le bras. Sur ce modèle de CV, j'étais tour à tour gardienne d'immeuble, nounou, plongeuse, serveuse, coiffeuse, vendeuse de prêt-à-porter, agent de change… Les premiers temps, je me répétais - dans une tentative désespérée de me rassurer - que ces emplois *« au noir »,* ce serait juste pour un temps et que je finirais bien par trouver un CDI valorisant mon diplôme d'ingénieure.

Mais plus le temps passait, plus cette hypothèse s'éloignait. De plus, la conjoncture économique était en ma défaveur. Les entreprises, au lieu d'embaucher, opéraient de plus en plus souvent des réductions drastiques de leur personnel. Quiconque jouissait déjà de la chance d'avoir un emploi décent s'y cramponnait solidement. Contre mauvaise fortune bon cœur, ma répulsion du début pour ces emplois *« pas à ma hauteur »* se transforma en gratitude lorsqu'on commença à me proposer des contrats dans des restaurants, des gardes d'enfants et j'en passe…

Je m'y jetais corps et âme. Chantal avait beau me rassurer *« qu'un jour »* je trouverais du travail, je n'y croyais plus. Mes parents, très heureux de recevoir une belle somme d'argent à chaque fin de mois, gobaient tous les mensonges éhontés que je leur racontais et ne posaient plus de questions sur mes activités professionnelles. À chaque fois qu'ils s'étonnaient de voir Chantal en vacances et pas moi, je prétextais être absorbée par le travail. Fiers de moi, ils se gardaient bien de demander la nature de ce fameux travail.

Ma mère, qui partait sur ses 60 ans, commençait à porter prématurément le poids des ans et d'une vie entière passée à trimer. Plus jeune, je ne comprenais pas qu'elle puisse enchaîner autant d'heures de travail - et parfois jusque tard dans la nuit - alors que mon cher père ne daignait pas lever le plus petit doigt pour l'aider. Du plus loin que je me souvienne, je ne l'avais jamais vu se lever le matin et aller travailler. Il semblait avoir passé toute son existence vissé à sa chaise pliante, journaux et rafraîchissements à portée de main. Et parfois même, il se faisait servir le déjeuner et le dîner à cet endroit qu'il affectionnait.

Maman, après avoir sélectionné les meilleurs morceaux pour lui, versait la maigre pitance qui restait dans un bol ébréché pour nous autres, ses enfants et elle. Le regard chargé de reproches, je refusais de plonger la main dans ces restes tout en entendant mon père se goinfrer sans le moindre remords à quelques mètres de nous. Je courais me restaurer chez Chantal, où un couvert était toujours mis pour moi… Une bouffée d'air frais dans le marasme ambiant de ma maison familiale.

Comment ma mère pouvait-elle rester à endurer autant d'humiliations de la part d'un homme qui ne lui parlait que pour lui donner des ordres ? En grandissant, l'évidence me sauta aux yeux : les nombreuses absences paternelles une fois le soir venu n'étaient dûes qu'à ses innombrables conquêtes… À chaque fois que j'essayais d'aborder le sujet avec elle, ma mère m'intimait sèchement l'ordre de me taire. Mais je rongeais mon frein, et me faisais la promesse solennelle de ne jamais laisser un homme me traiter de la sorte.

Ma mère donc, s'était métamorphosée en une vieille femme desséchée et rabougrie, qui n'était plus que l'ombre d'elle-même. Chantal ne ratait aucune occasion de me ramener des photographies de mes parents. Et à chaque fois que je contemplais celles de ma mère, je me rendais compte le cœur serré combien elle se fanait et maigrissait à vue d'œil. Nos conversations téléphoniques étaient toujours trop brèves. J'avais à peine eu le temps de lui dire bonjour, que mon père prenait le combiné pour me dire qu'elle était allée se reposer et commençait à me raconter sa vie. Elle d'ordinaire si vive, ne parvenait plus à tenir une conversation de quelques minutes et semblait tout le temps essoufflée. Triste !

Je demandais expressément à mon père de l'emmener consulter un médecin et le cas échéant, j'enverrais de l'argent pour ses soins. Le cœur lourd, je me posais après coup la question de savoir si réellement cet argent avait été utilisé à bon escient. Car papa m'en demandait encore et encore…

Comme chaque été, Chantal était repartie, et cette fois-ci, en plus du traditionnel pécule, je lui avais remis un lot important de chaussettes et de couvertures destiné à ma mère, car elle se plaignait tout le temps d'avoir les membres engourdis. Un signal d'alarme s'était allumé dans ma tête, mais à qui pouvais-je en parler ? Certainement pas à Chantal, qui depuis peu, s'était amourachée d'un jeune avocat du nom de Sébastien qui vivait au pays. Ce qui valait à mon amie des séjours de plus en plus fréquents là-bas. Avec la cécité dont sont habituellement atteintes les personnes amoureuses, Chantal ne voyait plus rien… Tout tournait autour de Sébastien.

Elle qui d'ordinaire était uniquement préoccupée par sa carrière, était devenue fort agaçante, se pomponnant tout le temps et passant ses soirées pendue au téléphone. En plus d'une colocataire, je sentais que mon amie m'échappait petit à petit. J'étais constamment tiraillée entre deux humeurs : celle de la féliciter face à cet amour naissant, et celle de la détester face à cet amour naissant, car plus rien d'autre n'existait. Ce qui me faisait souffrir, c'était qu'elle ne voyait pas - ou très peu - que j'étais en proie aux affres de l'inquiétude.

J'en avais la certitude : ma mère était malade. De quoi souffrait-elle ? Nul ne le savait. Voilà bien des semaines que nous ne nous étions pas parlé au téléphone, car elle était trop faible pour faire le trajet de sa chambre au salon, où était le combiné du téléphone. Lasse d'entendre les mêmes phrases de la part de mon père qui me rassurait gauchement, je lui posai un ultimatum : soit il la transportait à l'hôpital, soit je débarquais ! Elle y fut emmenée, mais il était trop tard. Les médecins ne purent que constater l'étendue du cancer de maman. Car ce mal insidieux qui la rongeait jour et nuit était parti de son sein droit et avait déployé ses métastases dans tout son corps frêle. On pouvait bien tenter une chimiothérapie, mais avec de minces espoirs de rémission.

La chimiothérapie coûtait une fortune. Je cumulais trois emplois pour pouvoir payer les frais médicaux. Malgré mes dénégations, Chantal insistait pour envoyer de l'argent à ma mère, car comme elle disait, *« c'était aussi sa mère »*. Mon père, sous le coup de la culpabilité et du remords sans doute, s'était métamorphosé en père et époux aimant. Il refusait de quitter le chevet de maman et avait acheté un téléphone portable, à partir duquel il m'appelait plusieurs fois par jour pour me tenir au courant de l'évolution de la santé de maman. Il ne consentait à se faire remplacer à son chevet que pour aller au bureau Western Union le plus proche récupérer l'argent que j'envoyais. Dans ces cas-là, la maman de Chantal, voisine témoin de nos malheurs, prenait le relais…

Les fins de mois étaient toujours des périodes troubles, où j'oscillais entre la tristesse de devoir envoyer des sous destinés à une chimiothérapie - dont l'issue était fatale - et l'impuissance d'assister de loin à la mort lente de ma mère. J'allais toujours au même bureau de change, niché au cœur du 18e arrondissement, entre la rue Poulet et la rue Léon. Sitôt le tourniquet de la sortie du métro franchi, je me laissais happer par ce lieu de rendez-vous de tous les nostalgiques de la terre africaine. La foule compacte avançait comme une seule et même personne en humant l'air saturé d'épices et de victuailles de toutes sortes…

Durant le trajet qui séparait la sortie du métro et le bureau de change, j'essayais tant bien que mal de me vider l'esprit et de concentrer mon attention sur le spectacle hétéroclite qui s'offrait à mes yeux : les vendeurs de bijoux à la sauvette, les étals qui proposaient des crèmes éclaircissantes, des légumes, des téléphones portables de dernière génération, des fruits… Cet assortiment de marchandises était souvent tenu par des femmes dont le teint était d'un violet orangé des plus glauques. Elles faisaient de la concurrence aux boutiques qui bordaient les deux côtés de la chaussée, ce que les propriétaires ne se gênaient pas à leur faire comprendre, à coups d'insanités… Les deux groupes s'affrontaient ainsi dans un vacarme insoutenable.

L'air était saturé d'odeurs et à cette atmosphère empuantie, s'ajoutait un brouhaha assommant. Mais, pendant que je marchais telle une automate, mon cœur battait à se rompre. Je trouvais toujours le trajet trop court à mon goût, car je retardais au maximum mon arrivée devant l'officine. La devanture peinte en jaune et or était criblée d'affiches publicitaires vantant les mérites du système de transfert de Western Union. L'une des affiches, pour des raisons que je refusais d'admettre, mais que je connaissais pertinemment, m'horripilait, à tel point que je ne désirais qu'une chose : la décoller et la déchirer en mille morceaux ! Elle représentait une famille, qui vivait en Afrique, à l'exception du père, que l'on montrait tout sourire en train d'effectuer sa transaction. Et en bas en lettres jaunes, le fameux slogan : *« Moving money for better ! »*

For better… Quelles conneries !

À l'intérieur, quatre guichets faisaient face à une rangée interminable de sièges. Sièges sur lesquels étaient assises des personnes que je reconnaissais, pour les avoir vues ici à plusieurs reprises. Alors que certaines d'entre elles cherchaient mon regard pour me dire bonjour, je faisais mine de ne pas les avoir vues et m'adossais à la porte.

On eût dit que cet endroit me connectait directement à maman. Par je ne sais quel phénomène, en cet instant précis où je franchissais le seuil du bureau de change, j'étais capable de me la matérialiser, gisant sur son lit d'hôpital, le visage émacié, des tubes entrant et sortant de son corps desséché. Le déni, sentiment qui m'habitait depuis l'annonce de sa maladie, se refusait à moi dès l'instant où je passais la porte de ce bureau de change décrépi. Quand j'ai commencé à venir ici, les employées (quatre femmes assises derrière les vitres des guichets), me regardaient d'un air peu amène, sauf une…

Évelyne, si je me référais au prénom griffonné à la hâte sur le badge en carton accroché à son corsage. D'emblée, la chaleur que j'avais lue dans son regard m'avait séduite. Et comme si c'était un sentiment partagé par les autres clients, ceux qui faisaient la queue devant son guichet étaient fort nombreux. Une fois que la file s'amenuisait, ils étaient remplacés par ceux qui occupaient les sièges de l'entrée. De sorte que ses collègues se retrouvaient avec presque pas de clients…

Au début, elles me faisaient de grands gestes en me désignant l'espace vide, mais je les ignorais royalement. C'est Évelyne qui m'intéressait. Je n'étais pas d'humeur à supporter les humeurs changeantes d'une smicarde aigrie. Évelyne me rappelait ma mère, avec cet air bien à elle qu'elle avait de mettre son interlocuteur à l'aise, quelle que soit sa condition. Avec ma mine chiffonnée et mon manteau usé jusqu'à la corde, je ne payais pas de mine, mais elle faisait comme si de rien n'était… Je lui en savais gré pour ça.

Tout en effectuant la transaction, elle prenait de mes nouvelles, ainsi que celles de ma mère, car je lui avais résumé en quelques mots la situation - sans rentrer dans les détails cependant –, me souriait, me racontait quelques anecdotes qui arrivaient - ô miracle - à m'arracher une esquisse de sourire…

Ces quelques moments représentaient une accalmie dans l'ouragan tumultueux qu'était devenue ma vie.

Je ne ressemblais plus à rien. Je travaillais comme une folle et menais un combat - que je savais perdu d'avance - contre la mort. Je culpabilisais d'être restée si longtemps sans aller ne serait-ce qu'une fois, voir ma mère. Je me répétais que je ne le pouvais pas et masquais cette culpabilité par mon ardeur au travail. Je voulais garder de Ma Sylvie, ma mère, l'image d'une femme vive et enjouée. Son cancer diagnostiqué tardivement aurait pu être traité à temps, je le savais. Mais je n'émettais pas le moindre commentaire, me comportant comme si ma mère souffrait d'un banal rhume, et pas d'un cancer en phase terminale.

Nous étions le 24 Décembre 2006, une date gravée au fer rouge dans ma mémoire. Paris scintillait de mille feux en cette période de fêtes de fin d'année. La neige avait recouvert de son voile immaculé les routes et nous étions passés en vigilance orange. La météo prévoyait de fortes chutes de neige dans la semaine à venir. Raison pour laquelle les transports avaient été stoppés et tout le monde cloîtré chez soi. Chantal et moi n'y faisions pas exception.

Comme à son habitude, elle faisait des allers et retours entre la kitchenette qui nous tenait lieu de cuisine, la salle de bains et le salon, car elle ne voulait pas rater son feuilleton de *telenovelas* qui passait. Mener à bien une tâche jusqu'à sa fin et en débuter une autre était clairement au-dessus de ses forces. Cette attitude m'énervait, mais au milieu de ce capharnaüm, seul m'intéressait le ragoût de viande qu'elle faisait mijoter sur la gazinière. Peu m'importait qu'elle passe des heures au téléphone avec son Jules. Que le repas soit terminé et qu'on mange !

Je lisais ou feignais de lire un roman que j'affectionnais, *Trop de soleil tue l'amour*. En ces temps grisâtres, rien de tel que la prose de Mongo Beti pour passer le temps… Toute à ma lecture, je ne remarquais pas Chantal qui se tenait à mes côtés, son téléphone en main. Ce n'est que quand elle me le tendit que je me rendis compte de sa présence. Plus que l'écran qui affichait le numéro de mon père, ce fut la mine défaite de Chantal qui me conforta dans l'idée que je m'étais déjà faite : maman était morte… Un coup d'œil à mon propre téléphone me renseigna que j'avais loupé une dizaine d'appels du pays. Il n'avait eu d'autre choix que de me joindre à travers Chantal. À l'autre bout du fil, mon père criait et pleurait tellement fort que j'eus du mal à comprendre ce qu'il disait. Mais les mots ne servaient à rien en ce moment précis, car ma mère n'était plus de ce monde. Je n'en pouvais plus. Il fallait que je coupe la communication et que je m'éloigne de cette atmosphère macabre qui s'infiltrait dans le téléphone.

Les rôles étaient inversés. Chantal, dégoulinante d'argile dont elle s'était badigeonnée le visage, sanglotait à mes pieds, et moi, les yeux secs et la mine serrée, je la rassurais. Après avoir vérifié l'état de mon compte bancaire, je descendis quatre à quatre les escaliers pour aller envoyer la totalité de mes économies à mon père. Je marchais une bonne heure sous la neige et le verglas à la recherche d'un bureau de Western Union. Je devais faire peine à voir, dans mon pantalon de survêtement et mon léger tee-shirt, à en juger par les regards ébahis que me lançaient les passants emmaillotés et chaussés de bottes qui croisaient ma route.

Mais je n'en avais cure… Le transfert d'argent effectué, je rentrai à la maison et appelai mon père. D'une voix sèche, je lui communiquai les références du transfert d'argent, ainsi que mes instructions concernant l'enterrement de ma mère. Avais-je mal ? C'est une question à laquelle je n'ai toujours pas de réponse. Toujours est-il que l'émotion avait déserté mon être et j'agissais avec des mouvements saccadés, tel un automate. Chantal essaya tant bien que mal de me tenir des propos réconfortants, mais elle se heurta à un mur. Elle proposa même de me payer un billet aller/retour pour aller assister aux funérailles de ma mère, mais je déclinai son offre. Je me rappelle avoir mangé de bon appétit et lu mon roman jusqu'à la dernière page, comme si l'on passait une soirée de réveillon des plus normales…

Les psychothérapeutes qui nous bassinaient à longueur d'articles avec leurs théories sur le deuil et les façons de surmonter la perte d'un être cher étaient tous de grands fourbes. La douleur était là, logée au cœur de ma poitrine. Quoi que je fasse, quoi que je dise, elle était là, chaque jour plus tenace. J'en voulais à mon père, car si maman s'en était allée de cette façon, c'était en grande partie de sa faute. Mais les mots ne sortaient pas. Je continuais à l'entretenir financièrement. Même lorsqu'il épousa peu de temps après une jeune femme qui aurait pu être ma sœur, je me tins coite et envoyai une petite somme d'argent pour la noce. Dès que je la vis sur papier glacé, je la détestai. Avec ses seins qui pointaient haut, son maquillage outrancier et sa bouche aux lèvres lippues, elle puait la vulgarité. Sans oublier sa voix nasillarde et sa fâcheuse tendance à appeler mon père *« bébé »*.

Quant à lui, il s'était remis de la mort de maman et roucoulait, tel le triste pigeon déplumé qu'il était. Je brûlais de lui jeter les mots insultants que j'avais gardés toute ma vie au bout des lèvres, lui qui avait *« tué »* ma mère. Car comment comprendre qu'il ait attendu pour la transporter à l'hôpital ? Une femme comme ma mère, j'étais consciente qu'il n'en existait plus… Le veuf éploré qui pleurait à tout bout de champ s'était mué en amoureux transi.

Chantal, je le voyais bien, ne savait plus trop comment se comporter avec moi. Je ne voulais pas qu'elle me prenne en pitié. Raison pour laquelle je veillais à ne jamais pleurer en sa présence. Les crises de larmes auxquelles j'étais souvent sujette, elle n'en savait rien. Je ne pouvais pas mettre de mots sur ce poids qui m'étreignait la poitrine. Elle essayait tant bien que mal de m'intéresser à des activités, tentait de me présenter à des jeunes hommes fort séduisants du reste, mais l'amour était un terrain sur lequel je ne voulais pas m'aventurer… Il n'y avait pas de place pour la romance dans ma jeune vie. Je travaillais sans relâche, juste pour ne pas avoir à réfléchir sur ma misérable existence…

Plus je m'enfonçais dans ce trou sans fond, plus Chantal resplendissait. Sébastien et elle s'étaient fiancés, et elle attendait un bébé. Elle avait démissionné de son travail et parlait d'aller s'installer au pays. La première fois qu'elle m'en avait parlé, je lui fis une scène mémorable. Comment pouvait-elle tout plaquer pour un homme ? Ses brillantes études et sa carrière prometteuse, tout cela à la poubelle ? Elle me rétorqua calmement qu'elle y avait mûrement réfléchi, et qu'elle se voyait parfaitement dans sa nouvelle condition de femme au foyer. J'hallucinais !

Quelque temps après son départ, au hasard de mes déambulations parisiennes, je tombai sur une annonce placardée sur la devanture d'une boulangerie où l'on recherchait une vendeuse bilingue pour une structure établie sur les Champs-Élysées. L'aventure avec Sylvie avait ainsi débuté… Jusqu'à ce qu'elle me *« remercie »* de la plus ignoble des façons. Aujourd'hui encore, cinq ans après, je me retrouvais encore face au destin, démunie, mais surtout seule. Je commençais à regretter de n'avoir pas donné une chance à tous ces soupirants qui m'avaient fait des avances… Avais-je eu raison de repousser tout le monde ? Je n'en étais plus aussi sûre…

L'odeur de brûlé qui me chatouilla tout d'un coup les narines ne me donna guère le temps de me pencher plus attentivement sur ce dernier aspect - et pas des moindres - de mon existence. J'étais tellement engluée dans mes réminiscences que je ne m'étais pas rendu compte que le silence le plus total régnait dans la maison. J'eus un mauvais pressentiment. Je me ruai dans la cuisine, où horrifiée, je découvris l'ampleur du carnage : Natasha gisait à terre, inconsciente et l'avant-bras à moitié calciné. Son vélo n'était plus qu'un tas de plastique liquéfié à ses côtés. Pour compléter le tableau, des dizaines de brins d'allumette parsemaient le sol de la cuisine, autrefois d'un blanc immaculé. Sans plus attendre, je composai le numéro des urgences et commandai une ambulance. Ambulance qui arriva dans les minutes qui suivirent. Minutes qui me semblèrent interminables… Nous nous installâmes avec l'équipe de secours à l'arrière du véhicule qui démarra en trombe. Je ne servais à rien, à part sangloter et prier pour que la petite s'en sorte. Tout à mon affolement, j'avais complètement oublié que j'aurais dû prévenir Chantal et son mari.

Une fois à l'hôpital, je me hâtai de le faire, pendant que Natasha était admise en soins intensifs. Je m'installai dans le hall, honteuse et confuse, sa sœur sur les genoux… Je n'avais même pas été capable de surveiller une petite fille de 3 ans. À quoi servais-je donc ? Si elle s'en sortait avec des dommages graves, je ne me le pardonnerais pas !

Je ne sus jamais quand ses parents arrivèrent, car après une nuit passée assise à convoquer tous les saints que je connaissais, je me dirigeai vers la réception pour demander après la petite Natasha, la *« petite brûlée »*. L'infirmière, les yeux pleins de reproches, m'informa que la fillette s'en était sortie avec des brûlures au 1er degré uniquement et que ses parents étaient venus la chercher. Détail dont on s'était gardé de m'informer, apparemment… C'est dire à quel point Chantal et Sébastien m'en voulaient. La mort dans l'âme, je me mis en route pour la maison. Je les trouvai en train de dîner. N'ayant pas été invitée à les rejoindre, je courus me terrer dans la chambre. J'aurais mille fois préféré une scène, tout, plutôt que ce silence froid et méprisant.

Il fallait me décider : allais-je faire comme si de rien n'était ou allais-je sortir leur présenter mes excuses ? Avant d'arriver à une décision, Chantal se tenait devant moi. Comme d'habitude, mon amie prenait les devants et ne s'encombrait d'aucun tact. Nous nous observâmes pendant de longues minutes qui me semblèrent durer une éternité. Je lus dans les yeux de Chantal un sentiment que je n'y avais jamais vu : du dégoût. Elle, la mère de famille, rompue aux tâches ménagères, avec ses kilos en trop qui lui conféraient une assurance et une autorité naturelles, face à moi, la vieille fille, envahie de questions existentielles.

Elle m'avait tendu la main, m'avait offert une chance de prendre un nouveau départ dans la vie et je l'avais déçue. Mais ça avait été un foutu accident ! J'avais été, il est vrai, prise dans le tourbillon de mes pensées, mais ça ne m'était jamais arrivé avant ! Garder ces gosses m'horripilait, mais je m'efforçais de toujours garder un œil sur elles quand elles étaient sous ma responsabilité… Mais la mère poule en qui s'était muée Chantal ne le comprenait pas ainsi. Ça se voyait à sa façon de me regarder et dans ce silence qui s'éternisait.

Je le brisai. Je présentai mes plus plates excuses et promis de ne plus recommencer. Mais tout ce que je disais n'avait aucun effet sur Chantal. À mesure que je parlais, son visage s'assombrissait encore plus et elle martelait maintenant le linoléum de ses pieds nus. Je me tus, épuisée de monologuer face à Chantal qui n'en avait visiblement rien à foutre…

Sa voix, sèche et haut perchée, me fit sursauter :

- Sais-tu ce qu'est un enfant ? Sais–tu ce que cela représente de sortir un bébé de ses entrailles ?

- Chantal, je te l'ai déjà dit. C'était un accident, un malheureux accident.

- Accident qui aurait pu être évité ! Tu aurais pu surveiller Natasha comme il se doit. Mais même ça, tu en es incapable !

- Arrête Chantal ! Tu sais bien que tes enfants et particulièrement Natasha, n'ont jamais rien risqué avec moi.

- Cette époque est apparemment révolue, car cet incident est arrivé par *TA* faute ! Sébastien, lui, t'en veut tellement qu'il ne veut plus te voir. Ce qui (re)pose la question de ton statut matrimonial. Depuis que tu es là, tu ne sors pas et repousses systématiquement tous tes prétendants. Tu te crois sans doute mieux qu'eux…

- Je cherche du travail, tu le sais bien !

- Du travail, du travail… En as-tu trouvé depuis ? Non. Et quelles sont tes chances d'avoir un emploi à ton âge ? Elles s'approchent du néant… Au lieu de poursuivre une carrière qui s'éloigne à grands pas, trouve-toi un mari qui voudra bien de toi et fais des gosses !

À partir de là, tu comprendras la valeur du mot *FAMILLE !*

À mesure que Chantal parlait, je prenais la pleine mesure des métamorphoses qu'elle avait subies… Elle, l'étudiante naguère si brillante qui s'était muée en cadre supérieure tout entière dévouée à sa carrière, avait tourné le dos à tout ce dont elle croyait. Au nom de son amour pour Sébastien. En regardant Chantal, j'eus de la peine à reconnaître celle avec qui j'avais partagé tant de choses, celle que je considérais plus qu'une sœur…

Ce qui m'horrifia le plus, c'est que je reconnus en elle des traits de caractère de ma défunte mère. Choquée, je me rendis compte que la colère de Chantal n'était pas uniquement due au fait que Natasha s'était brûlée. Elle réagissait violemment pour prouver à son cher et tendre qu'elle était digne de lui, sans oublier ses rôles de mère et d'épouse parfaite. Je connaissais Chantal aussi bien, sinon mieux que moi-même, et elle était tout sauf belliqueuse. Je sentais qu'à ce moment précis, sa colère était téléguidée par son lâche de mari.

C'était un lâche, qui n'avait pas les couilles de venir me dire en face ce qu'il pensait de moi. « *Tous les hommes sont des imbéciles de toute façon,* mon père, Sébastien, et tous ces couillons qui ont croisé ma route *»,* pensais-je douloureusement, en vidant l'armoire des quelques effets que je possédais.

Chantal n'avait pas cessé de m'observer… Au moment de quitter la maison, nos regards se croisèrent. Je lus dans le sien des regrets. Mais à quoi pouvaient-ils bien servir si elle ne les exprimait pas de vive voix ? Et même si elle les avait formulés, je n'aurais pas changé d'avis. Je désirais me casser de cette maison, loin de cette famille qui me renvoyait en pleine face mes manquements…

De toute façon, je ne serai jamais une des leurs, une femme au sens où la société l'entendait. Je n'avais aucun endroit où aller, mais une chose était sûre, je désirais m'éloigner de cette maison…

Pendant que je marchais dans la nuit noire, les mots familiers de Mariama Bâ dans *Une si longue lettre,* mon livre de chevet, me revinrent en mémoire : *« On ne prend pas rendez-vous avec le destin. Le destin empoigne qui il veut, quand il veut. Dans le sens de vos désirs, il vous apporte la plénitude. Mais le plus souvent, il déséquilibre et heurte. Alors, on subit. »*

Mon destin était d'être seule et livrée à moi-même… Qu'il en soit donc ainsi.

Je ferai face.

BIBLIOGRAPHIE

Livres :

Adichie Chimamanda Ngozi, *L'hibiscus pourpre,* Paris, Le livre de poche, 2006

Autour de ton cou, Paris, Folio, 2009

Americanah, Paris, Gallimard, 2015

Bâ Mariama, *Une si longue lettre, Dakar,* Nouvelles Editions Africaines du Sénégal, 1980

Un chant écarlate, Dakar, Nouvelles Éditions Africaines du Sénégal, 1981

De Beauvoir Simone, *Le deuxième sexe,* Paris, Gallimard, 1949

La femme indépendante, Dakar, Folio, 2008

Ndiaye Mame Coumba, *Mariama Bâ ou Les allées d'un destin,* Dakar, Nouvelles Éditions Africaines du Sénégal, 2007

Thiam Awa, *La parole aux négresses,* Dakar, Denoël-Gonthier, 1977

Liens externes :

Adichie Chimamanda Ngozi, *The danger of a single story,* TED Talk, 2009 : *https://www.youtube.com/watch?v=D9Ihs241zeg*

We should all be feminists, TED Talk, 2013 : *https://www.youtube.com/watch?v=hg3umXU_qWc*

I decided to call myself a happy feminist : https://www.theguardian.com/books/2014/oct/17/chimamanda-ngozi-adichie-extract-we-should-all-be-feminists

Le féminisme de Mariama Bâ, relu 30 ans après : *http://www.leral.net/Le-feminisme-de-Mariama-Ba-relu-30-ans-apres-sa-disparition_a34964.html*

Tchomba Ikanza Ngozi, *L'image de la femme sénégalaise dans « Une si longue lettre » de Mariama Bâ » : http://mondesfrancophones.com/espaces/afriques/l%E2%80%99image-de-la-femme-senegalaise-dans-une-si-longue-lettre-de-mariama-ba/*

Kuti Funmilayo Ransome et l'Association des femmes d'Abeokuta *(série Unesco Femmes dans l'histoire de l'Afrique) -www.unesco.org/womeninafrica*

TABLE DES MATIÈRES

Avant-propos 11

Simone de Beauvoir, *Le Deuxième Sexe* 21

Awa Thiam, *La parole aux négresses* 33

Mariama Bâ ou le féminisme associatif 39

Le féminisme au XXIe siècle : Chimamanda Ngozi Adichie et le *happy feminism* 53

Vous avez dit féministe ? 59

Propos sur le féminisme contemporain 67

(In)certitudes 79

Bibliographie 103

Le Sénégal
aux éditions L'Harmattan

Dernières parutions

L'ESTHÉTIQUE SOCIALE DES PULAAR
Socioanalyse d'un groupe ethnolinguistique
Sy Harouna
L'esthétique sociale pulaar est une mise en ordre éthique de la vie sociale. Elle est l'inventaire systématique de ce qu'il y a de beau et de laid dans le social relativement à ses valeurs, à ses normes, à ses règles et à ses codes qui commandent des postures, des relations, des rapports et des qualités appropriés. L'analyse des contradictions de la société pulaar du Fuuta Tooro a révélé des logiques et des stratégies fondées sur des rapports de castes et sur les représentations sociales que ces rapports produisent.
(31.00 euros, 304 p.)
ISBN : 978-2-343-11189-6, ISBN EBOOK : 978-2-14-002810-6

LE BAYNUNK GUNAAMOLO, UNE LANGUE DU SUD DU SÉNÉGAL
Analyse phonologique, morphologique et syntaxique
Diop Sokhna Bao - Préface de Denis Creissels
Le Sénégal est un pays multilingue avec des langues majoritaires et des langues minoritaires, de par le nombre de leurs locuteurs, mais également de par la quantité de travaux dont chacune dispose. Les langues majoritaires ont fait l'objet de nombreuses recherches, à la différences des langues minoritaires. Ce constat est à l'origine du choix porté sur la description de la variante gunaamolo du baynunk (parlé au sud du Sénégal, plus précisément à Niamone, dans la région de Ziguinchor) qui est une langue en danger très peu décrite. L'utilité et l'intérêt de ce travail résident dans la sauvegarde et la connaissance de cette langue et sa communauté. Elle peut servir aussi de référence à des recherches futures.
(Coll. Études africaines, 38.50 euros, 392 p.)
ISBN : 978-2-343-09614-8, ISBN EBOOK : 978-2-14-002913-4

DE L'HÉRITAGE ARABO-ISLAMIQUE SAINT-LOUISIEN
Une illustration par les œuvres d'Abbas Sall et d'Abdoulaye Fall Magatte
Fall Cheikh Tidiane - Préface de Samba Dieng et Postface de Mouhamed Habib Kébé
Cet ouvrage porte sur la réhabilitation du legs culturel arabo-islamique ouest-africain en général et saint-louisien en particulier. Revaloriser un pan du patrimoine culturel par l'entremise de l'imagination poétique locale de deux intellectuels demeure l'objectif principal de cette étude. Une partie descriptive

constituée de la traduction d'une cinquantaine de poèmes suivie d'un volet analytique constitue la méthodologie de ce travail de recherche. La moisson tirée de ce travail préliminaire apporte quelques éclairages sur l'intérêt de la traduction de manuscrits arabes, notamment ceux produits par d'éminents ulémas du Sénégal, tels les deux poètes faisant l'objet de cette étude.
(Harmattan Sénégal, 35.00 euros, 340 p.)
ISBN : 978-2-343-11306-7, ISBN EBOOK : 978-2-14-003014-7

L'AGRICULTURE DU SÉNÉGAL SOUS LA COLONISATION
Diop Ismaïla
L'introduction de l'arachide au Sénégal au début du XXe siècle révolutionne le paysage agricole. La France décide alors de faire du Sénégal une colonie arachidière. Le Sénégal devient la troisième puissance arachidière du monde après les États-Unis et l'Inde. Cette monoculture extensive aboutit à un déficit vivrier chronique, une dégradation des sols, une dépendance vis-à-vis des importations de riz en provenance d'Asie. Pour y remédier, le rapport de la mission Roland Portères de 1952 recommande des mesures d'aménagement du territoire, de restauration des sols, de promotion de l'agriculture intégrée sérère.
(Harmattan Sénégal, 23.50 euros, 218 p.)
ISBN : 978-2-343-11129-2, ISBN EBOOK : 978-978-2-14-002836-6

CASAMANCE
À quand la paix ?
Bassène René Capain – Préface du père Nazaire Diatta
Malgré leur volonté et leur engagement affichés d'aller vers la fin du conflit armé en Casamance, la position des parties en guerre n'a jamais réellement évolué. L'État du Sénégal se dit prêt à négocier sur tous les points, sauf sur ceux relatifs à l'intégrité territoriale et l'unité nationale, alors que, de son côté, le MFDC soutient une position contraire en déclarant être disposé à ne négocier que sur la question se rapportant à l'indépendance totale de la Casamance. Cette situation montre que le conflit armé est encore loin de finir en Casamance.
(28.50 euros, 276 p.)
ISBN : 978-2-343-10426-3, ISBN EBOOK : 978-2-14-002593-8

PARCOURS D'UN JOURNALISTE AUTODIDACTE
Ndiaye Pape Ngagne
Préface de Mamoudou Ibra Kane
Pape Ngagne Ndiaye, par son style, est devenu un rendez-vous incontournable de l'espace audiovisuel sénégalais. L'émission «Faram Faccce» qu'il anime présentement sur TFM est très courue des hommes et femmes politiques pressés de se soumettre au feu roulant et nourri des questions du redoutable interviewer, unique dans son genre. Ce livre n'est pas seulement une autobiographie, mais aussi une réflexion thématique et une sélection rigoureuse de certains numéros de la célèbre émission qui se veut «un décryptage des questions majeures de l'actualité nationale».
(37.00 euros, 360 p.)
ISBN : 978-2-343-09916-3, ISBN EBOOK : 978-978-2-14-002822-9

DES FRANCENABE AUX MODOU-MODOU
L'émigration sénégalaise contemporaine
Fall Papa Demba - Préface du Professeur Abdoulaye Bara Diop
Principalement centré sur la France et ses anciennes colonies d'Afrique, le champ migratoire sénégalais s'est, de manière originale, progressivement étendu à des destinations naguère méconnues ou peu fréquentées (comme les États-Unis, l'Italie, l'Espagne, l'Afrique du Sud ou le Brésil). Peu à peu, les migrants sont devenus des acteurs incontournables du développement. La prise en compte de ces populations, et de leurs mouvements, devient donc nécessaire aux programmes et politiques de développement durable.
(Harmattan Sénégal, 40.00 euros, 559 p., Illustré en noir et blanc)
ISBN : 978-2-343-10796-7, ISBN EBOOK : 978-2-14-002539-6

«DOYEN» AMADY ALY DIENG, LE TRANSMETTEUR INTÉGRAL (1932-2015)
Économie biographique ou sémio-Histoire
Ngaïdé Abdarahmane
Amady Ali Dieng nous a quittés il y a un an. Pour lui rendre hommage et s'en rappeler les enseignements, l'auteur de cet ouvrage a décidé de compiler ses nombreux écrits ou interventions. Les quatorze textes qui composent cette anthologie sont représentatifs et significatifs de la personnalité, du style et des préoccupations d'Amady Ali Dieng. On y retrouve son style, son humour et son esprit critique.
(Harmattan Sénégal, 23.50 euros, 228 p., Illustré en noir et blanc)
ISBN : 978-2-343-10855-1, ISBN EBOOK : 978-2-14-002561-7

41 RULES TO BE HAPPY
Kane Babaly
Seeing that happiness is the goal towards which all men strive for, the author wrote this book to help the reader in treasuring the joyous of life and realizing his desires in entirety, to be fulfilled, to claw his way to the top and to assure him it will turn out well in the end. Moreover, this book intends to give the keys us to get the secret for reaching we want in this life. 41 rules to be happy is a little self help book which has 41 rules that are meant to allow every reader to live life in full potential.
(Harmattan Sénégal, 14.50 euros, 138 p.)
ISBN : 978-2-343-10904-6, ISBN EBOOK : 978-2-14-002583-9

SÉNÉGAL
Les limites du Plan Sénégal Émergent
Mansour Samb El Hadji
Cet ouvrage présente une analyse profonde des politiques publiques en décortiquant le Plan Sénégal Émergent (PSE) qui jusque-là n'a fait l'objet d'aucune analyse critique sérieuse. Le Sénégal est face à un défi, le défi de son émergence, un défi qu'il compte relever avec tous ses fils. Ce défi qui mobilise aujourd'hui tout le monde doit nous pousser à proposer de nouveaux chemins et à animer un débat nécessaire et incontournable dans tout processus d'émergence.
(Harmattan Sénégal, 27.00 euros, 276 p.)
ISBN : 978-2-343-09721-3, ISBN EBOOK : 978-2-14-002372-9

SÉNÉGAL
Dynamiques paysannes et souveraineté alimentaire
Le procès de production, la tenue foncère et la naissance d'un mouvement paysan
Diop Amadou Makhouredia
Préface d'Yves Guillermou ; Postface de Fodé Niang
Le présent ouvrage contribue à la compréhension des stratégies développées par la petite paysannerie et les dynamiques qui animent les exploitations agricoles familiales permettant la production de biens nécessaires à l'alimentation et l'entretien des familles. La capacité des paysans à prendre en main leurs propres préoccupations a été mise en évidence par l'émergence d'organisations, de groupements, d'associations et d'unions dans tout l'espace rural sénégalais.
(Harmattan Sénégal, 26.00 euros, 256 p.)
ISBN : 978-2-343-10852-0, ISBN EBOOK : 978-2-14-002457-3

HISTOIRE ET SOCIOLOGIE DES RELIGIONS AU SÉNÉGAL
Tamba Moustapha
Le Sénégal reste une exception dans le domaine religieux : 90 % de musulmans, 5 % de chrétiens et 5 % d'adeptes de l'animisme. C'est aussi le pays où les musulmans et les catholiques partagent le même cimetière, où les conjoints partagent des religions différentes, où les écoles privées catholiques comptent 60 à 70 % d'élèves de confession musulmane, etc. Ce phénomène n'est pas dû au hasard. L'histoire et la sociologie des religions permettent de l'expliquer amplement. Cet ouvrage souligne cette exception sénégalaise pour montrer qu'au moment où notre monde est en proie au fanatisme, à l'intolérance et au terrorisme religieux, le Sénégal propose un autre « modèle ».
(Coll. Études africaines, série Economie, 41.00 euros, 426 p.)
ISBN : 978-2-343-10424-9, ISBN EBOOK : 978-2-14-002506-8

FIGURES DU POLITIQUE ET DE L'INTELLECTUEL AU SÉNÉGAL
L.S. Senghor - M. Dia - A. Ly - CH. A. Diop A. Diouf & F. Mitterrand - J.R. De Benoist - A. Seck - TH. Fall - A. M. Samb - A.M. Samb JR - TH. Monod - H. Bocoum - G. R. Thilmans
Samb Djibril
Cet ouvrage réunit des personnalités politiques et/ou intellectuelles très diverses : Léopold Sédar Senghor, l'Immortel Noir ; Mamadou Dia, le brillant économiste ; François Mitterrand et Abdou Diouf, deux experts politiques, ou encore Théodore Monod, le savant probe. Ces figures sont autant de coryphées auxquels l'auteur a voulu rendre hommage, afin de rappeler que la terre africaine du Sénégal ne manque pas de princes de l'esprit ni de nourriture intellectuelle.
(26.00 euros, 266 p.)
ISBN : 978-2-343-10731-8, ISBN EBOOK : 978-2-14-002513-6

L'HARMATTAN ITALIA
Via Degli Artisti 15; 10124 Torino
harmattan.italia@gmail.com

L'HARMATTAN HONGRIE
Könyvesbolt ; Kossuth L. u. 14-16
1053 Budapest

L'HARMATTAN KINSHASA
185, avenue Nyangwe
Commune de Lingwala
Kinshasa, R.D. Congo
(00243) 998697603 ou (00243) 999229662

L'HARMATTAN CONGO
67, av. E. P. Lumumba
Bât. – Congo Pharmacie (Bib. Nat.)
BP2874 Brazzaville
harmattan.congo@yahoo.fr

L'HARMATTAN GUINÉE
Almamya Rue KA 028, en face
du restaurant Le Cèdre
OKB agency BP 3470 Conakry
(00224) 657 20 85 08 / 664 28 91 96
harmattanguinee@yahoo.fr

L'HARMATTAN MALI
Rue 73, Porte 536, Niamakoro,
Cité Unicef, Bamako
Tél. 00 (223) 20205724 / +(223) 76378082
poudiougopaul@yahoo.fr
pp.harmattan@gmail.com

L'HARMATTAN CAMEROUN
BP 11486
Face à la SNI, immeuble Don Bosco
Yaoundé
(00237) 99 76 61 66
harmattancam@yahoo.fr

L'HARMATTAN CÔTE D'IVOIRE
Résidence Karl / cité des arts
Abidjan-Cocody 03 BP 1588 Abidjan 03
(00225) 05 77 87 31
etien_nda@yahoo.fr

L'HARMATTAN BURKINA
Penou Achille Some
Ouagadougou
(+226) 70 26 88 27

L'HARMATTAN SÉNÉGAL
10 VDN en face Mermoz, après le pont de Fann
BP 45034 Dakar Fann
33 825 98 58 / 33 860 9858
senharmattan@gmail.com / senlibraire@gmail.com
www.harmattansenegal.com

L'HARMATTAN BÉNIN
ISOR-BENIN
01 BP 359 COTONOU-RP
Quartier Gbèdjromèdé,
Rue Agbélenco, Lot 1247 I
Tél : 00 229 21 32 53 79
christian_dablaka123@yahoo.fr